国家出版基金项目
NATIONAL PUBLICATION FOUNDATION

心理学与社会治理丛书
Series on Psychology and
Social Governance

丛书主编：杨玉芳　郭永玉

　　　　　许　燕　张建新

Big Data
for Social Governance
Online Psychological Perception
and Event Detection

大数据助推社会治理：

网络社会的心态感知及事件检测

刘晓倩　朱廷劭　著

北京师范大学出版集团
BEIJING NORMAL UNIVERSITY PUBLISHING GROUP
北京师范大学出版社

丛书编委会

主　　编　杨玉芳　郭永玉　许　燕　张建新

编　　委　(以汉语拼音为序)

　　　　　陈　红　傅　宏　郭永玉　孙健敏

　　　　　王俊秀　谢晓非　许　燕　杨玉芳

　　　　　张建新

丛书总序

经过多年的构思、策划、组织和编撰，由中国心理学会出版工作委员会组织撰写的书系"心理学与社会治理丛书"即将和读者见面。这是继"当代中国心理科学文库""认知神经科学前沿译丛"两大书系之后，出版工作委员会组织编撰的第三套学术著作书系。它的问世将是中国心理学界的一个具有重要理论和现实意义的里程碑式事件。

之前的两套书系在社会上产生了广泛的影响，也赢得了同行普遍的好评。但是这些工作主要基于由科学问题本身所形成的内容架构，对于现实问题的关切还不够系统和全面，因而不足以展现中国心理学界研究的全貌。这就涉及我们常讲的"自下而上"与"自上而下"的问题形成逻辑。我们感到，面对当前中国社会的变革，基于当下现实生活的复杂性和矛盾性，中国心理学界应该尽力做出回应，要有所贡献。而社会治理正是心理学探讨时代需求、关注现实社会的重要突破口，同时也是很多中国心理学者近年来一直努力探索并且已有丰富积累的一个创新性交叉学科领域。

社会治理是由作为治理主体的人或组织对以人为中心的社会公共事务进行的治理。因此，社会治理的核心是"人"的问题，社会治理的理论和实践都离不开"人"这一核心要素，自然也就离不开对人性和人心的理解。这既源自心理学的学科性质，也是由社会治理的本质要素所决定的。一方面，就学科性质而言，心理学是研究人的心理和行为的学科，它兼具自然科学与社会科学的双重属性。2016年5月17日，习近平总书记在哲学社会科学工作座谈会上指出"要加快完善对哲学社会科学具有支撑作用的学科"，这其中就包括心理学。早在现代心理学诞生之初，它就被认为在整个社会科学中具有基础学科的地位。但是在漫长的学科发展历史上，由于心理学本身发展还不够成熟，因此它作为社会科学基础学科的作用并未得到充分体现。尽管如此，近年来由于理论、方法的不断发展与创新，心理学在解决现实问题方面的建树已经日益丰富而深刻，已经在相当程度上开始承担起支撑社会科学、解决社会问题的责任。

另一方面，从社会治理自身的学理逻辑出发，当前中国社会治理现代化的过程也离不开心理学的支持。社会治理作为一种现代化的理念，与社会统治和社会管理在基本内涵上有很大差异。首先，它强调治理主体的多元性，除了执政党和政府，还包括各级社会组织、社区、企业以及公民个人。其次，社会治理的客体是以人为中心的社会公共事务，目标是消解不同主体之间的冲突与矛盾。最后，社会治理的过程也不同于传统意义的社会管理，它包括了统筹协调、良性互动、民主协商、共同决策等现代化治理策略与手段。因此，不管从主体、客体或过程的哪个方面讲，社会治理都必须关注社会中一个个具体的人，关注这些个体与群体的心理与行为、矛盾与共生、状态与动态、表象与机制等心理学层面的问题。也只有依托心理学的理论与方法，这些问题才能得到更深入的探索和更彻底的解决。因此可以说，在学科性质、学理关联、问题关切、实践技术等多个层面，心理学均与社会治理的现实需求有着本质上的契合性。

正因为如此，近年来国家对于心理学在社会治理中的作用给予了高度重视。中共十九大报告在"打造共建共治共享的社会治理格局"这一部分提出，加强社会心理服务体系建设，培育自尊自信、理性平和、积极向上的社会心态。中共十九届四中全会审议通过的《中共中央关于坚持和完善中国特色社会主义制度 推进国家治理体系和治理能力现代化若干重大问题的决定》再次强调健全社会心理服务体系。可以看出，心理学已经被定位为社会治理现代化进程中不可或缺的一部分。这是时代对中国心理学界提出的要求和呼唤。而本书系的推出，既是对时代需求的回应，也是心理学研究者肩负使命、敢于创新的一次集中探索和集体呈现。

明确了这一定位之后，我们开始积极策划推动书系的编撰工作。这一工作立即得到了中国心理学会和众多心理学界同人的大力支持与积极响应。我们在充分调研的基础上，成立了书系编委会，以求能在书目选题、作者遴选、写作质量、风格体例等方面严格把关，确保编撰工作的开展和收效达到预期。2015 年，编委会先后三次召开会议，深入研讨书系编撰工作中的一系列基础问题，最终明确提出了"问题导向、学术前沿、项目基础、智库参考"的十六字编撰方针，即要求书系中的每一本书都必须关注当下中国社会的某一现实问题，有明确的问题导向；同时，这一问题必须有明确的学术定位，要站在学术前沿的视角用科学解决问题的思路来对其加以探讨；此外，为了保证研究质量，要求每一本专著都依托作者所完成的高层次项目的成果来撰写。最后，希望每一本书都能够切实为中国社会治理提供智力支持和实践启示。

基于这样的方针和定位，编委会通过谨慎的遴选和多方面的沟通，确立了一个优秀的作者群体。这些作者均为近年来持续关注社会治理相关心理学问题的资深专家，其中也不乏一些虽然相对年轻但已有较深积淀的青年才俊。通过反复的会谈与沟通，结合每一位作者所主持的项目课题和研究领域，编委会共同商讨了每一本专著的选题。我们总体上将本书系划分为四个部分，分别为"现代化过程中的社会心态""群体心理与危机管理""社区与组织管理""社会规范与价值观"。每一部分邀请 6～8 位代表性专家执笔，将其多年研究成果通过专著来展现，从而形成本书系整体的内容架构。

在这些工作的基础上，2016 年 1 月，中国心理学会出版工作委员会召开了第一次包括编委会成员和几乎全体作者参加的书系编撰工作会议，这标志着编撰工作的正式开启。会上除了由每一位作者汇报其具体的写作思路和书目大纲之外，编委会还同作者一道讨论、确定了书系的基本定位与风格。我们认为本书系的定位不是教材，不是研究报告，不是专业性综述，不是通俗读物。它应该比教材更专门和深入，更有个人观点；比研究报告更概略，有更多的叙述，更少的研究过程和专业性的交代；比专业型综述更展开，更具体，更有可读性，要让外行的人能看懂；比通俗读物更有深度，通而不俗，既让读者能看进去，又关注严肃的科学问题，而且有自己独到的看法。同时，在写作风格上，我们还提出，本书系的读者范围要尽可能广，既包括党政干部、专业学者和研究人员，也包括对这一领域感兴趣的普通读者。所以在保证学术性的前提下，文笔必须尽可能考究，要兼顾理论性、科学性、人文性、可读性、严谨性。同时，针对字数、书名、大纲体例等方面，会上也统一提出了倡议和要求。这些总体上的定位和要求，既保证了书系风格的统一，也是对书系整体质量的把控。

在此后的几年中，书系的编撰工作顺利地开展。我们的"编撰工作会议"制度也一直保持了下来，每过半年到一年的时间即召开一次。在每一次会议上，由作者报告其写作进度，大家一起交流建议，分享体会。在一次次的研讨中，不仅每一本书的内容都更为扎实凝练，而且书系整体的立意与风格也更加明确和统一。特别是，我们历次的编撰工作会议都会邀请一到两位来自社会学、法学或公共管理学的专家参会，向我们讲述他们在社会治理领域的不同理论视角和研究发现，这种跨学科的对话极大地丰富了我们心理学者的思维广度。当然，随着编撰工作的深入，有一些最初有意愿参与撰写的作者，出于种种原因退出了书系的编撰工作，这不能不说是一种遗憾。但同时，也有一些新的同样资深的学者带着他们的多年研究成果补充进来，使得书系的内容更加充实，作者团队也更加发展壮大。在这些年的共同工作中，我们逐渐意识到，我们正在做的事情不仅是推出一套书，而且还基于这一平台构建一个学术共同体，一起为共同的学术愿景而努力，为中国的社会治理现代化进程承担心理学研究者应尽的责任。这是最令人感到骄傲和欣慰的地方。

我们还要感谢北京师范大学出版集团的领导和编辑们！他们对于本书系的出版工作给予了大力的支持。在他们的努力下，本书系于 2020 年年初获批国家出版基金项目资助，这让我们的工作站到了更高的起点上。同时，还要感谢中国心理学会"学会创新和服务能力提升工程"项目在组织上、经费上提供的重要帮助。

在作者、编委、出版社以及各界同人的共同努力下，书系的编撰工作已经接近完成。从 2021 年开始，书系中的著作将分批刊印，与读者见面。每一本专著，既是作者及其团队多年研究成果的结晶，也凝结着历次编撰工作会议研讨中汇聚的集体智慧，更是多方面工作人员一起投入的结果。我们期待本书系能够受到读者的喜爱，进而成为中国心理学和社会治理的科研与实践前进历程中的一个重要里程碑。

主编

杨玉芳　郭永玉　许燕　张建新

2021 年 7 月 22 日

前　言

　　"治理之道，莫要于安民；安民之道，在于察其疾苦。"民心民意作为民众疾苦的主要体现，是社会治理过程中不可忽视的重要内容。舆情作为公众平时想法的汇聚，是民心民意的晴雨表。只有及时准确地体察民意，快速全面掌握舆情动态，才能更好地制定相关惠民、利民政策，维护社会稳定，保障社会积极健康的发展。在社交媒体尚未成熟阶段，舆情的收集、获取主要依赖传统的社会调查访问。但是这种传统方法时效性差，被调查者规模有限，而且容易有一定的偏差。

　　21世纪以来，随着科技不断发展，互联网进入 Web 3.0 时代，全球互联网用户数量迅速增长。社交网络平台已经成为当今舆情表达的主要场所和快速传达民意的渠道。用户在社交媒体上发表自己的言论、参与政治话题、传播社会事件，加速社会事件发展的进程。社交媒体平台上信息的高传播性和扩散性，以及数据的可追踪、可追溯的特点，都为社会治理带来了新的机遇。以网络媒体大数据和人工智能技术为支撑的智能化社会治理在舆情智能检测、民意调查、舆情预警分析、基于网络的引导干预等多个方面都有着广阔的发展前景。

　　本书从心理学视角出发，深入探讨大数据心理学研究在社会治理方面的应用，集合了中国科学院心理研究所计算网络心理实验室多位老师及研究生的研究成果，将技术研究与案例分析相结合，系统地、全面地阐述了大数据时代下社会治理的新方法、新模式。我们希望这本书可以作为大数据心理学研究者的工具书、社会治理相关工作者的参考书、爱好心理学与计算机交叉学科人士的课外书，帮助读者快速、全面了解大数据分析方法在社交媒体数据挖掘中的应用，以及在社会治理领域的新思路、新探索。

目　录

第一章

时代的进步：大数据时代
背景下的社会治理新思路

随着互联网技术的普及，以新浪微博为代表的社交媒体平台用户规模急速扩大，并伴随产生了海量的网络数据。数据是信息时代的产物，如何利用这些宝贵的资源获取知识和信息是各行各业不断探索和研究的课题。

本章将讨论在大数据时代背景下社会治理的新思路、新方向，以期助力新时期更为高效的社会治理。

一、大数据分析技术概述

（一）什么是大数据？

随着科技进步，大数据技术应运而生，和大数据相关的一切都贴上了智能化的标签。什么是大数据？为什么海量的数据和大数据分析方法能改变我们的生活？大数据又能为社会治理带来什么助益？我们的讨论就从大数据的概念开始。

大数据，从名字上看，大且多样是其重要的特征。智能手机等各种智能设备的出现，使得我们的生活能够被随时随地地记录。通过一条朋友圈动态，一条新闻浏览，一个手机订单，一次导航定位，我们每个人的生活都以文本、音频、视频、地理位置信息等多模态的数据形式被无侵扰式地记录下来。我们每个人都是数据的制造者，每天都有海量的数据被产生、被记录。

大数据的一个特点是真实性。人们日常生活的行为轨迹可以通过数据的形式被存储和记录，这些数据很难完全是刻意的表现，而是更为自然的行为痕迹。比如，看了什么电影，点了什么口味的小龙虾。借助高科技手段获取的行为大数据是能够真实地反映一个人的生活和喜好的。

目前行为数据的体量庞大，无法通过人工的方式进行分析，其本身价值很难体现。只有依靠高性能的计算设备并通过大数据分析技术实现对数据的去粗取精，从海量繁杂的数据中发掘有效的信息，找出知识、规律或关联的规则才是非常宝贵和有意义的。因此，科学家也一直在探索如何利用这些大数据来更好地改善、服务我们的生活。

(二)大数据分析技术相关概念

本书将分章节详细介绍大数据分析结合社会治理的新方法、新应用，在内容上涉及一些基本机器学习知识和术语。为了大家能够更好地阅读和理解本书的内容，在此将对相关知识概念做概略介绍。

1. 机器学习

机器学习是利用统计知识，基于数据，给计算机系统"学习"的能力，属于人工智能的一个细分领域，是涉及统计学、信息化、概率论等多门学科的交叉领域。机器学习从已知数据中自动学习规律，将学习到的规律应用于未知数据进行预测。

本书介绍的方法主要涉及常用的有监督的机器学习算法。通俗的解释是，我们把计算机当作一个学生，教它如何根据人的表情区分哪些人在笑、哪些人在哭。那我们就可以给它很多正在笑的人的照片和正在哭的人的照片。计算机通过对大量的表情照片的学习，找到了面部关键特征与哭和笑的映射关系。如果这个映射关系确定了，再让计算机读入一张图片，它就能根据以往"经验"，分析图片中的人是哭还是笑。为这种计算机系统提供的数据不仅包括输入数据，也包括它们想要得到的结果数据（标签）。计算机在"经验"的指导下，学习从输入数据得到结果数据的一般规律，就是有监督的机器学习算法。

根据目标结果的需求不同，我们又可以划分为分类方法和回归方法。分类方法的目标变量是离散值。比如，想通过对用户社交媒体平台数据的分析判别用户是否对目前的生活满意，也就是对生活满意度高低的识别，这是一个二类的分类问题。常用的分类方法包括支持向量机（Support Vector Machine，SVM）、决策树（Decision Tree，DT）等。回归方法的目标变量是连续值。比如，同样是基于社交媒体平台数据分析用户的生活满意度，我们的目标变量是生活满意度的得分，这是一个连续的变量，是一个连续值预测问题。常用的回归方法包括线性回归（Linear Regression，LR）、高斯过程（Gaussian Process，GP）等。

2. 交叉验证

在机器学习的相关介绍中提到有监督的机器学习算法是要给机器一些有标签的数据，通过数学方法构建输入数据与标签的映射关系。通常，这样有标签的数据集被称为训练数据集，用于模型的训练阶段。在模型训练完成后，我们需要一批新的数据，通过对比分析模型计算输出的结果和真实目标量的差异程度来测试已构建的模型（映射关系）的有效性。这种用于验证模型效果的数据集被称为测试集。应当注意的是，训练数据和测试数据需要满足同样的数据格式，但训练集和测试集中的样本一定是不同的。一般训练集的样本量会远大于测试集的样本量。

在研究或实际应用阶段，能够获取的有标签的数据数量往往是有限的。当训练集样本量很小时，模型容易出现过拟合现象。所谓过拟合(overfitting)，是指在调试一个统计模型时，使用过多参数导致模型复杂度过高的现象。模型复杂度过高，可能可以很好地反映已知的数据，但是泛化能力比较差。为了避免过拟合现象，我们可以使用交叉验证技术，以获得可靠稳定的模型。交叉验证(cross-val-idation)是当训练集样本量不足以训练模型时，为了防止过拟合，提高模型的预测效果的一种措施。它可以充分利用已有的有标签的数据，构建有效的模型。交叉验证是将数据集中的样本切割为较小的子集。k 折交叉验证是将全部数据集随机均分为 k 份子集，其中留一份作为测试集，其余 k-1 份数据作为训练集。循环 k 次后，数据集中的所有样本都被测试过，最后将全部测试效果进行综合，即得到模型的效果评估。

3. 模型评估指标

我们要评估模型的效果，肯定需要量化的指标来描述模型计算输出的结果和真实目标值间的差异程度。差异越小，模型的效果就越好。由于分类模型和回归模型的目标量形式不同，这两类模型也有各自常用的评估指标。

(1)回归模型的评估

针对连续值预测问题，记 $Y\hat{}$ 为预测值(模型计算输出的结果)，Y 为真实目标值。结合心理测验研究的学科特点，我们选取了下面的指标，作为回归模型的评价指标。

①皮尔逊相关系数(Pearson's Correlation Coefficient，PCC)。

预测值 $Y^{\hat{}}$ 与真实值 Y 的皮尔逊相关系数，可以评估在测试集上模型计算输出的结果和真实结果的分布趋势的一致程度。该值取值范围在 $[-1,1]$。正值代表正相关，即真实值越大，预测值也越大；负值代表负相关。相关系数的绝对值越大，代表预测值与真实值的结果相关的趋势越一致，模型预测效果越好。

②均方根误差（Root Mean Squared Error，RMSE）。该指标通过计算每个测试样本的预测值与真实值差值的平方和的均值来评估模型的效果。均方根误差越小，代表真实值与预测值的差距越小，模型效果越好。

（2）分类模型的评估

针对分类问题，我们以二类分类[正例（positive）/负例（negative）]为例。首先给出混淆矩阵（confusion matrix），如表 1-1 所示，在预测结果和真实结果的类别中都有正例和负例。基于此，我们选择在机器学习分类模型中关注的指标，包括精度（Precision）、召回率（Recall）、F 值（F-measure）、准确率（Accuracy）。

表 1-1　混淆矩阵

总类	正例（真实结果）	负例（真实结果）
正例（预测结果）	TP	FP
负例（预测结果）	FN	TN

$$\text{Precision} = \frac{TP}{TP+FP}$$

$$\text{Recall} = \frac{TP}{TP+FN}$$

$$F\text{-measure} = \frac{2 \times \text{Precision} \times \text{Recall}}{\text{Precision} + \text{Recall}}$$

$$\text{Accuracy} = \frac{TP+TN}{TP+FP+TN+FN}$$

　　针对描述模型对正例样本的识别能力，精度是被正确分类的正例在所有预测为正例的样本中所占的比例。精度越高，说明对正例识别的误报率越低。

　　召回率是被正确分类的正例在所有真实的正例的样本中所占的比例。召回率越高，说明针对正例识别的击中率越高，漏报的数量越少。

　　精度和召回率两个指标是互相影响的。在提高召回率的时候，即要求漏报的数量少，那会在一定程度上降低模型的精度，即误报的数量增多。F 值是精度和召回率的加权调和平均，能够综合评估模型的效果。

　　准确率是评估模型对整个数据样本的分类能力，即被正确分类样本数在所有样本数中所占的比例。

二、社交媒体大数据的特点与优势

(一)什么是社交媒体大数据？

　　互联网的蓬勃发展使社交媒体(social media)被网民广泛地使用。社交媒体成为人们用来发表意见、对网络内容进行评论和分享的平台。社交媒体和传统的纸媒、电视等大众媒体的区别之处是，让用户有更多自主编辑和分享内容的权利，并可以以文本、图像、音频、视频等不同方式呈现出来。在国内外，新浪微博和推特(Twitter)分别成为被网民广泛使用的公开社交媒体平台。

　　在社交媒体平台上，网民自发地进行自我展示、观点表达、信息获取、与他人互动等行为。由于用户发布的这些数据是其日常生活的记录，并具有内容丰富、自然发生、规模庞大、数据记录可回溯等特点，故承载数据的平台成为理想的行为与心理分析平台。

　　社交媒体不断融入人们的日常生活，为传统的心理学研究提供了新的思路和契机。借助于用户在社交媒体上自主产生的大量数据，我们可以通过分析研究用户的行为模式与其心理特征的关联模式，实现基于社交媒体行为分析的网络用户心理自动感知。由此，社交媒体用户可以被视为纷繁复杂的社会环境当中的一个个"传感器"。通过这些"传感器"，我们可以"感知"当前的群体心态和社会态势。又因为社交媒体上的数据具有可回溯的特点，使得我们对个体、群体心理特征，以及对社会态势感知也具有可回溯性，并且可以深入地、详细地了解民众的某种心理特征或社会态度的变化情况。

(二)社交媒体大数据的特点

在我国，新浪微博这种社交媒体形式自 2009 年上线以来，就吸引了全国各地的大量网民使用，成为很多人日常生活中不可或缺的一部分。作为国内最常用的社交媒体之一，新浪微博是一个完全开放的平台，提供简单便捷的传播方式，拥有文字、图片、视频等多种表达形式；通过裂变式传播，让用户能够及时获取和分享信息，从而成为互联网上的一种重要媒体。新浪微博发布的 2019 年第一季度财务报表显示，微博月活跃用户达到 4.65 亿，与上一年同期相比净增长约 5400 万，日活跃用户同步增至 2.03 亿。

微博用户可以较为自由地发表自己的观点、看法及意见，抒发自己的情感，微博成为事件产生和谈论的重要场所。与传统媒体相比，飞速发展的微博新媒体有自己的特征。

广泛性。社交媒体平台具有广泛的用户群体(Felt，A. & Evans，D.，2008)。学生、上班族、媒体网站及企业组织等，都可以注册自己的页面宣传自我(Agarwal，2009)。

动态性。微博语言不受传统文法约束，没有固定的叙事结构，且会不断地创造新的网络用语并迅速流行。

及时性。随着移动电子设备的普及，用户随时随地都可以发布微博，经常在事件发生后第一时间发布相关信息。

情绪化。很多微博用户通过发布微博内容实现对情绪的宣泄。与其他传统的文本类型相比，微博文本内容中情绪化词语所占的比例更大。

正是因为微博的以上特性，人们可以自由地在微博社会中充分展示自我社交能力，使得社会事件有了一个更快速的传播渠道，更为社会事件、社会心态和社会心理等社会治理相关研究提供了可靠的基础。具体来说，用户在微博平台上可以真实、自发地表达或分享自己的情感、观点和态度，为社会心态感知研究提供大量真实、客观的数据源。同时，广泛的用户群体及快速及时的传播模式也为舆情事件分析、健康心理引导等工作提供了便捷。微博平台的开放性还能够方便研究者进行随机或分层抽样，数据收集的效率、质量俱佳。

三、互联网＋社会治理

（一）对了解居民心理特征、主观感受具有重要意义

现代社会的良性发展离不开科学有效的社会治理。当前我国正处于经济社会转型发展的关键时期，社会矛盾不断暴露，群体性事件等社会不稳定因素不断涌现，对社会治理的科学性和有效性提出了更高的要求。有效的社会治理最终需要落实在千千万万社会成员的个体社会行为上，因而对个体社会行为的理解和把握，是进行科学有效社会治理的一个重要基础。

近年来，随着社会生产力水平和居民收入水平的提升，我国人民的生活有了较大改善。但是，由于我国社会发展在一定程度上滞后于经济增长，贫富差距、阶层分化以及利益诉求与价值取向的多元化等社会问题影响了大众对幸福的感受。以合理的方式提高人民

生活质量，建设社会各阶层和睦相处、社会成员各得其所的和谐社会，有助于消解社会矛盾，提升人民幸福感，打造可持续发展的模式。这对于满足发展的最终需求、真正落实以人为本理念、形成现代文明的社会具有重要意义。

了解民众的心理特征、主观感受，有利于公共政策决策者了解民众心理变化趋势，为公共政策制定提供重要依据。民众心理特征、社会态度调查在发达国家较早受到重视。20 世纪四五十年代，美国和英国分别成立社会研究所（Institute for Social Research，ISR）、全国社会研究中心（National Center for Social Research，NCSR）等社会调查研究机构，长期投入大量人力、物力、财力开展社会态度调查、消费者态度调查、选举调查等研究。步入 21 世纪后，社会态度调查在我国引起了越来越多人的重视，以中国社会科学院、中国科学院心理研究所为代表的科研机构也开始对民众心理特征和社会态度进行调查研究。

（二）当前社会调查方式的现状与局限

个体的心理特征及主观感受作为内隐变量无法直接测量，在传统的社会心理学、社会学研究中，常采用问卷的方式来了解被调查者的心理特征或主观感受。这些调查方法通常需要精心设计抽样方法，并针对特定的样本群进行定期的问卷、访谈调查。有一些研究和调查还需要保持长期追踪，以获取个体或群体的心理特征或主观感受的变化与趋势。调查方式一般以面询填写纸质问卷或填写网络问卷等形式开展，要求受访者主观评估问卷题目内容与其自身行为模式的一致程度，并在此原始数据的基础上，收集、整理、计算被试的问卷施测结果。

问卷、访谈调查的方法虽然能够对个体及群体的心理状态进行科学的测评，但在应用过程中具有一定的局限性，可能会给调查结果的准确性带来影响，尤其体现在以下几方面。

第一，调查以一种"侵扰式"的方法开展，需要受调查者填写问卷或接受访谈，受到社会赞许性的影响，受访者可能不愿意提供对自己状况的真实描述。

第二，受访者的作答往往是被动的，其对问题的回答可能由于无法准确回忆等原因而与实际情况存在偏差。

第三，调查周期较长，并且需要大量人力、物力资源的支持，给调查的及时性、连续性造成了不利影响；由于调查成本较高，收集数据的规模也有较大的限制。

（三）互联网＋社会治理的新契机

互联网的普及，尤其是微博、论坛等社交媒体的兴起，为大规模实时感知民众社会态度提供了前所未有的机会。海量的网络用户持续地在社交媒体平台发布自身消息、活动状况与内心感受，过滤、传播感兴趣的信息，构成了网络社交媒体大数据，其社会态度也自然而然地反映在这些数据中。如果能够利用社交媒体大数据对目标群体的社会态度进行实时感知，将给社会治理带来重要的数据支持，对提升决策的科学性和有效性起到极大的推动作用。

此外，在信息化社会中，各类事件借助网络平台迅速传播扩散，虚拟空间中的用户讨论热点与现实社会的重大事件相互影响，导致对网络舆情的关注和分析成为大数据时代的迫切需求。社交媒体大数据的舆情即网络舆情，是通过网络空间反映现实社会中的舆情，可以直接代表现实舆情的发展情况。网络舆情是在社交媒体等网络空间展现和分享的，民众对于与自身相关的各项社会事件所持有的各种各样的情绪、情感、态度和意见等（刘毅，2007）。

根据人民网发布的中国互联网舆情分析报告，新浪微博是大多数人了解新闻消息、跟踪时事最主要的渠道之一。微博平台覆盖了大批量的用户，并且信息的传播有很强的即时性。这些特点使微博成为社会舆情潜伏、爆发和发酵的主要平台，也使通过微博产生的舆情成为把控社会民众情绪的主要力量。微博平台上关注度较高的事件可以迅速传播出去，有的可能会形成影响力较大的社会舆情。微博用户的观点也通常包含强烈的态度或情绪，比较容易被影响，特别是在一些消极、负面的事情上容易受到煽动。例如，在 2014 年上半年的"马航事件"和 2014 年下半年的"冰桶挑战"等事件期间，新浪微博的信息传播速度之快、范围之广，充分凸显了社交网站作为新时代网络社会的格局。网络的互联，突破了时空间隔的障碍；"地球村"的形成，放大了群体性事件的社会影响力。

由此可见，基于社交媒体所拥有的即时性、情绪化等特点，舆情可以迅速在互联网上得到大量的关注和传播。而且由于网络的匿名和开放性，很难对此类事件进行有效的引导和控制，这些被民众关注的热点事件一旦被误导，就可能会对社会治理和社会秩序造成不可想象的负面影响。因此，如果我们能有效预测舆情事件发生的趋势，掌握舆情事件参与者的心理指标，就可以帮助政府部门了解社情民意，并为及时处理事件提供参考，有效避免恶性重大舆情事件的发生。

另外，基于社交媒体进行舆情预警也是切实可行的。随着互联网时代的到来，各种移动互联网设备也已经影响了公众的工作和生活。移动互联网设备在信息的呈现、内容的迅速传播等方面有其独特的优势，给舆情的发生和传播带来了巨大的变化。在互联网覆盖范围非常广的当今社会，我们通过社交媒体平台更容易获取更全面、更多样的样本，而且摆脱了时空的限制，可以实现信息回溯。同时，新浪微博的开放性也使数据获取的途径和数据质量有很好的保障。

社会心理学相关研究发现，对于相同的社会环境、生活环境和政策环境，不同人的自我特征和社会态度会导致其出现不同的社会行为。因此，如果能够了解、分析舆情参与者的心理特征，如社会态度，就能够对参与者下一步或许会做出的行为进行预测（王二平等，2003）。社交媒体作为新兴媒体中的主要舆论平台，能够反映公众的个人特质和社会态度等心理指标（周敏，2014）。因为微博用户可以在互联网平台主动、自愿地展示和传播自己的情绪、看法和态度，所以其为心理特征的研究贡献了非常真实有效的信息。用户在互联网上的行为数据映射出的心理特征能够表现出民众的所思所想，非常值得关注和研究。因此，社交媒体，尤其是新浪微博数据是目前预测和分析心理指标非常理想的信息源，是预测在线舆情事件发展趋势、实现舆情预警的前提条件。

针对心理的干预引导是心理学研究的一个重要方向。由于社交媒体平台有广泛的用户群，随着智能设备的普及，用户可以随时随地接收新闻、评论等信息。这为有针对性的心理健康服务提供了一种有效的传播途径。通过网络渠道，针对用户的心理引导，培养积极向上、理性平和的健康心理也是大数据与社会治理的新探索之一。

(四)互联网＋社会治理的新挑战

实现舆情预警首先需要在舆情发展的初始阶段就能够发现舆情，然后基于舆情初期的规模对发展趋势和可能带来的后果进行判断和预测，为舆情的应对提供建议和辅助决策的依据。舆情是由公众传播和讨论的，代表公众对某个社会事件的态度和意见，因此舆情的发展和可能造成的影响都与公众的态度息息相关。想要进一步对舆情走势进行分析就必须要先了解舆情参与者的社会态度。另外，如果能够考虑舆情下一步的发展规模，会在应对舆情时起到很好的辅助决策作用。所以我们想要实现舆情预警，需要解决的问题包括以下几个。

1. 如何检测出舆情事件

在社交媒体平台上，网民自发地表达观点、获取信息、交流意见，并与他人开展各种互动。这些自发的、丰富的内容使社交媒体成为实时展示舆情事件的平台，为传统的舆情事件研究提供了新思路。

虽然社交媒体为舆情监测提供了丰富的数据和信息，然而社交媒体大数据的信息也非常复杂和多变。不同于传统媒体文本信息的规范化和结构化，社交媒体数据是由网民自发形成的，表达方式倾向于口语化和多样化，难以通过固定关键词实现对事件的准确定位；而且表达方式众多，包括文本、图片、超链接、视频等各种不同的形式。社交媒体的内容更多是公众宣泄情绪的表达，娱乐八卦的内容也很多。如何从错综复杂的社交媒体大数据中屏蔽掉与舆情无关的内容，准确有效地检测出我们关注的舆情事件是需要解决的第一个问题。

2. 如何及时了解舆情参与者的社会态度

社会态度作为个体的心理特征，是一种主观感受，无法直接被测量。传统的社会态度调查以调查问卷和量表作为工具来了解被调查者。通过招募和培训调查员，精心设计调查抽样的方法对特定样本群进行调查，然后回收并汇总调查结果，并且长期对被调查者进行追踪，才能获取群体社会态度随时间变化的趋势。

但当今社会舆情瞬息万变，公众社会态度由于舆情产生的影响也有一定的时效性。传统社会态度问卷调查的方式，需要被测者的主动配合，且大范围调查的测量周期较长，很难快速汇总分析以满足对舆情事件及时做出响应的现实需求。

随着互联网的普及，社交媒体上的内容具有很强的实时性。人们在社交媒体上的行为逐渐成为互联网使用行为的重要组成部分。我们目前需要改善传统的问卷调查方式，通过利用社交媒体大数据来解决对舆情参与者社会态度及时获取的问题。

3. 如何预测舆情下一步的发展趋势

社会态度的分析有助于构建舆情预警系统。多数舆情事件产生的背后动因是参与者的社会态度。无论采用何种先进方法，我们或许能够对群体的社会情绪进行识别，而对于具体社会事件的诱发因素很难做到全面的掌握，并且在很多情况下具有极强的偶然性，因此对于舆情事件只能做到预警，无法做到准确预测。

另外，对于已经爆发并检测出的舆情事件如何应对、处理、善后，除了需要考虑舆情参与者的情绪、社会态度等各项指标，也要考虑舆情下一步的发展趋势：是会继续发酵还是不会引起更多人的关注？

因此，作为舆情预警的一部分，我们需要解决如何利用舆情发展已知的信息，预测舆情下一步的发展趋势。

综上所述，网络舆情事件可能产生的负面影响和破坏性使舆情预警十分必要，这也是智能化社会治理的一个重要方面，是大数据时代背景下社会治理的新需求和新挑战。舆情的预警需要首先找出舆情，再对参与者的社会态度和舆情趋势进行分析预测，从而实现舆情预警。因此，我们需要解决的问题包括，从纷杂的网络数据中检测出舆情事件，及时地预测和跟踪舆情参与者的社会态度以及基于参与者社会态度进行舆情趋势的预测，并提供有针对性的心理健康引导干预服务（图 1-1）。

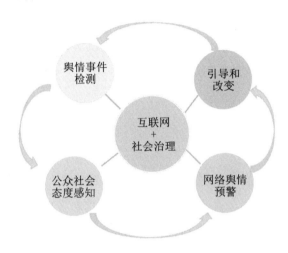

图 1-1　互联网＋社会治理

第二章

热点聚焦：舆情事件
智能监测技术

　　不同于传统媒体文本信息的规范化和结构化，社交媒体数据是由网民自发形成的，表达方式倾向于口语化和多样化，难以通过固定关键词实现对事件的准确定位，而且表达方式众多，包括文本、图片、超链接、视频等各种不同的形式。如何从错综复杂的社交媒体大数据中屏蔽掉与舆情无关的内容，准确有效地检测出我们关注的舆情事件是社会治理需要解决的第一个问题。

　　本章将讨论动态舆情事件监测技术如何有效感知网络热点事件的发生，智能化提取事件关键信息，实现虚拟空间中新闻探测器的功能。

一、关键词动态查询扩展技术

（一）关键词真的关键吗？

　　社交媒体平台庞大的用户量和即时传播信息的特点，已经使其成为舆情事件酝酿、产生和传播的重要场所，网络热门话题可以在短时间内大范围扩散。以新浪微博为例，每天的微博更新量超过1亿条。如何在海量的社交媒体文本中精准检测到我们关心的信息，是大数据＋社会治理要解决的首要问题之一。

如果要在网上查找信息，我们一般会怎么做？关键词可能是大多数人的答案。是的，我们会在搜索引擎中输入自己设定的、与检索目标相关的关键词用以搜寻我们想要获取的信息。但这种方式在社交媒体平台上难以达到理想的效果。

汉语言文化博大精深，汉字词语在不同的语境下可以表达不同的含义，加之时下年轻人喜欢使用的网络词汇繁多，这都令传统的关键词检索方式的效果大打折扣。比如，环保问题是目前大家关心的热点之一，我们想在新浪微博平台上检索网民对环境问题的相关言论，从而进一步分析民众对环保问题的看法或环保事件对用户的影响，但尝试在新浪微博平台上输入"环境"一词，搜索的结果中掺杂了大量与环境问题无关的微博文本，比如：

……店内环境干净，每个座位前面都配有一个小铁盘……

……有效预防和减少道路交通事故的发生，打造持续稳定和谐的道路交通环境……

……花园式的办公环境给警务区带来了无限生机与活力……

……适应全新的语言环境是非常重要的……

网络舆情事件的发展是一个动态变化的过程。随着时间的推移，网友关注和讨论的热点通常会发生变化，这就导致参与舆情事件讨论的文本关键词也会发生动态的变化。例如，曾经引起极大关注的"天价海鲜"事件，我们对微博上讨论此事件的微博文本进行分析发现，事件发生的第 1 天和第 2 天是对事件本身的集中讨论；第 3 天之后大部分是段子和旅游宰客的同类事件，已经不再是对"天价海鲜"事件本身的讨论。因此，与"天价海鲜"事件舆情相关的微博关键词也随着事件的发展而发生改变，如此一来，传统的基于固定关键词进行事件相关微博检测的方法受到挑战。

虽然社交媒体为舆情监测提供了丰富的数据和信息，但是社交媒体大数据的信息也非常复杂和多变。我们需要考虑中文的复杂性和微博使用语言的动态性来进行改进和调整。

（二）如何使用关键词动态查询扩展技术

为了适应微博短文本表达方式的动态变化，我们可以将动态扩展技术在中文的语言环境中进行改良，对专家定义的初始关键词进行动态扩展，从而挖掘出特定领域的有效微博内容。

由于中文文本没有自然的分隔符号，需要进行分词处理。我们在研究中采用的分词工具是哈尔滨工业大学社会计算与信息检索研究中心研制的语言技术平台（Language Technology Platform，LTP；Che et al.，2010）。进行分词处理后，需要过滤掉不包含有效信息的语气助词、副词、介词、连词等通常自身并无明确意义的停用词（stop words）。通过去除无关冗余词，使用于分析的关键词都尽量包含有用信息，提高后续分析的准确性。

动态查询扩展（Dynamic Query Expansion，DQE）技术是基于词与微博内容的包含关系，将固定关键词迭代生成动态扩展词的方法。首先，需要特定领域的专业人员设计一些有效的初始关键词集合，如果微博中包含初始关键词集合中的词则为目标微博；其次，计算所有目标微博集合中所有词语的词频-逆向文档频率（Term Frequency-Inverse Document Frequency，TF-IDF），将 TF-IDF 词作为下一轮迭代的初始关键词集合。词频-逆向文档频率是一种统计方法，该指标可以评估一个词对于一个文档的重要程度。之所以不用简单的词频统计来寻找关键词，是因为一些常用词在大部分的文档中都会频繁出现。如果一个词在某一类文档中频繁出现，但在其他类文档中很少出现，就说明该词能够作为关键性指标区分出目标类的文档，即能够有效代表目标类文档。词语的词频逆向文档频率的计算方法如下：

$$W_i = \{j: t_i \in d_j\} \times \log \frac{|D|}{\{j: t_i \in d_j\}}。$$

其中，j 为包含初始关键词集合的目标微博集合中的微博数量，$|D|$ 为实验中考虑的整体微博数量，t 代表包含在初始关键词集 d 中的关键词。

根据词频-逆向文档频率选择的关键词集合再次迭代，生成下一轮的目标微博集合，如此反复迭代，直到关键词集合不再发生变化为止（如图 2-1）。

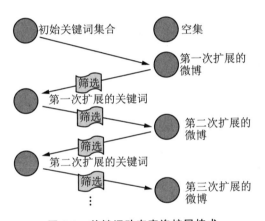

初始关键词集合　　　空集

第一次扩展的微博

筛选

第一次扩展的关键词

筛选

第二次扩展的微博

筛选

第二次扩展的关键词

筛选

第三次扩展的微博

图 2-1　关键词动态查询扩展技术

关键词动态查询扩展算法的初始定义是：只要微博包含关键词集合中的任意一个词语就判断该条微博为目标微博。但是考虑到中文词语可应用语境的多样化，若仅通过某一个关键词扩展微博集合，很容易得出与特点领域不相关的事件。因此，这种宽泛的判别标准可能会导致不准确的结果。以"环境"为例，虽是与环保事件相关的关键词，但它的含义也包括除自然因素外的社会因素，如以观念、制度、行为准则为内容的非物质因素，其所在微博条目可能与环境类事件无关，却因为该条微博的转发量较多而被检测出来。所以经过多次测验和试错，我们在研究中可以改变目标微博集合获取的条件。例如，将获得目标微博的条件定义为至少包含两个关键词，用来消除由于单一关键词的多重语义带来的目标微博获取精度不高的问题。

二、基于社交媒体大数据的舆情检测

由于微博的动态变化，传统的基于以往事件得到固定关键词进行事件检测的方法受到挑战。由于微博的情绪化特征，除了通过对文本内容检测特定领域的事件外，还可以通过相关用户的情绪值进行分析，对检测的结果进行分析过滤，提高检测精度。

(一)情绪分析对舆情监测技术的优化

在关键词动态查询扩展技术的基础上，我们能够获得与事件当下相关的关键词组合，并以此为条件检测事件相关的文本信息。为了进一步改善检测效果，提高检测结果与希望结果的匹配程度，我们基于中文微博的特点做出改进，增加了情绪分析的方法，来排除被检测到的无关微博。情感词来自大连理工大学林鸿飞教授整理和标注的中文情感词汇本体(Lin et al.，2008)，其共收录 27 476 个词。中文情感词汇本体的情感分类体系是在比较有影响的埃克曼(Ekman)的 6 大类情感分类体系的基础上构建的。在埃克曼研究(Ekman，1993)的基础上，词汇本体加入情感类别"好"对褒义情感进行了更细致的划分。情感词最终分为 7 大类 21 小类，具体为：乐(快乐、安心)，好(尊敬、赞扬、相信、喜爱、祝愿)，怒(愤怒)，哀(悲伤、失望、疚、思)，惧(慌、恐惧、羞)，恶(烦闷、憎恶、贬责、妒忌、怀疑)，惊(惊奇)。其中 7 大类情绪作为微博的细粒度情绪最终输出结果。

另外，网络用户经常使用社交媒体平台提供的默认表情符号来表达自己的情绪，如"☺"。在研究中我们将这些表情符号归入了不同的情绪种类，作为已有的情感词典的一部分补充。例如，我们关注的舆情事件如果是由公众的负面情绪造成的，当 DQE 技术通过关键词扩展检索出含关键词的微博后，我们可以将微博中含有正面情绪的微博过滤掉，从而减少与事件无关的微博量，使 DQE 最后得到的结果更加准确有效。

为了验证情绪分析技术的应用能否有效提高检测效果，我们以某地区环保事件相关微博的检索为例，通过仅使用关键词动态查询扩展技术和结合情绪分析的关键词动态查询扩展技术两种方法进行对比验证，以此判断情绪分析技术的有效性。

1. 仅使用关键词动态查询扩展技术

关键词动态查询扩展技术首先需要定义一些领域相关的初始关键词。由某地区环保局专家给出了与环保有关的词，包括垃圾、污染、环境、投诉等。基于初始的环保相关关键词获得一批扩展微博，再基于这批微博中 TF-IDF 值较高的词获得扩展关键词，如此迭代多次，直至扩展关键词不再改变，从而得到检测出的舆情事件。

DQE 技术最后检测到的环保舆情事件有 135 起。这些检测出的舆情事件中，有 15 起是在环保领域专家给出的标注事件范围内的。因此，DQE 技术的召回率为 0.47(15/32)。由于专家给出的标注事件并没有包含所有的环保舆情事件，我们把 DQE 技术找出的舆情事件交给领域专家进行进一步判断，通过最后判断的结果确定该舆情事件是不是有效的环保舆情事件。最后得到 75 起有效的舆情事件，也就是 DQE 技术的精度为 0.56(75/135)。

2. 结合情绪分析的关键词动态查询扩展技术

由于我们关注的舆情事件是负面的环保舆情，反映了公众的负面情绪，因此在关键词动态查询扩展的同时会进行积极情绪的过滤。具体做法为，将 DQE 技术得到的每一轮扩展微博集合中的微博进行情绪值计算。如果微博是"快乐"的情绪类型，就将其从扩展微博集合中过滤掉，再继续进行下一轮迭代。

结合情绪分析的关键词动态查询扩展技术最后找出了113起环保类舆情事件，其中包含17起经过环保领域专家标注的舆情事件，因此这种方法的召回率为0.74(17/23)。将113起检测到的舆情事件交由领域专家审核，其中有88起都是有效的环保舆情事件，因此该方法的精度为0.78(88/113)。与不考虑情绪分析，单纯使用关键词动态查询扩展技术相比，精度和召回率均有明显提升(图2-2)。

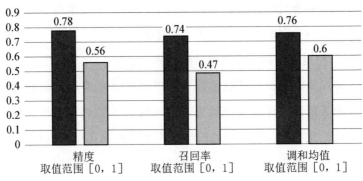

图2-2　舆情检测结果比较

(二)扩展阅读：舆情检测技术的发展

随着微博上线，人们往往会在微博上发布生活中的事件，表达自己的情感，基于微博数据进行事件检测成为一个热点研究话题。目前对基于微博的事件检测已经有一些研究，但大多针对突发热点事件，仅检测出影响力很大、波及范围很广、参与人数很多的事件，而对事件性质相关范围不做限制，如地震(Sakaki et al.，2010)、疾病暴发(Goldenberg et al.，2002)、环境与恐怖主义(Cheong & Lee，2011)等特定领域。例如，对恐怖主义的研究是基于推特数据，根据观察2009年雅加达和孟买恐怖袭击过程中推特平台上用户的反应，提出了结构化框架，获得推特用户在恐怖袭击中的情绪和其他反应。

对突发事件的检测通常是对文本内容的聚类。例如，研究者（Weng et al.，2011）通过小波信号聚类检测事件，基于对词频的小波分析，对单个词建立信号，然后通过查看相关信号过滤掉不重要的词，剩余的词聚类形成事件。

对特定领域事件检测较多是基于固定关键词。例如，研究者（Sakaki et al.，2010）在推特平台上检测地震信息。当地震发生时，人们会发布很多与地震有关的内容，因此通过查看推特平台上的消息就可以及时检测出地震的情况。文章以社交媒体平台文本关键词、社交媒体平台文本中的词数量和内容为特征，创建了社交媒体平台文本分类器，随后为了发现地震的中心和事件地点的发展轨迹，创建了概率性的时间—空间模型。

相关研究者（Sayyadi et al.，2009）先创建关键字图（keyword graph），再用关键字图检测相关的事件。直观上，描述同一个事件的不同文件会包含一系列相同的关键词，文章根据关键词在文件中同时出现构建关键词网络，提出了事件检测算法创建关键词图，并通过社区发现算法发现和描述事件。

研究者（Abdelhaq et al.，2013）通过不断提取有意义的时空特征来识别有意义的事件描述，再根据空间相似度对关键词聚类得到局部地区事件的相关信息。发布信息的用户的位置与事件发生的位置比较接近，因此可以将用户看作描述事件的探测仪。研究者提出了从推特信息流中实时检测出局部地区事件，并随着时间发展追踪事件的发展变化的方法。因此，需要从事件描述中不断识别出与时间和空间有关的关键词，然后通过对空间相似性关键词的聚类确定事件发生的具体地理位置。研究者还创建了一种计分规则来决定时间窗中最重要的事件。

社交媒体平台上的文本内容与传统文本有所不同，其没有严格的语法规范，社交媒体用户也经常会创造新的网络用语。因此，通过某些固定的关键词进行检测，就很难适应网络语言的变化。有人(Zhao et al.，2014)提出无监督事件检测方法可用于特定领域的事件检测：通过关键词动态查询扩展技术迭代地扩展某个领域的关键词，产生扩展词集，以检测该领域发生的事件。该方法可以解决特定领域下的微博环境事件检测面对的无结构、动态性等挑战，并能自动检测出该领域下新发生的事件。通过与现有方法对比检测结果，证明 DQE 具有较好的效果。

此外，不少研究者考虑在事件检测中加入情绪分析。事件检测中的情绪分析分为两大类：粗粒度情绪分析和细粒度情绪分析。粗粒度情绪分析是将情绪分为积极情绪和消极情绪两大类；细粒度情绪分析则是将情绪划分为更具体的类别。基于情绪分析的事件检测往往仅通过情绪分析或情感计算，针对突发热点事件，而针对特定领域的事件检测目前缺少结合情绪分析的研究。有人(Akcora et al.，2010)创建了情感词集来检测微博中的情感，识别公众舆论随时间的变化。情感词集分为 8 类：愤怒(anger)、悲伤(sadness)、爱(love)、恐惧(fear)、厌恶(disgust)、羞愧(shame)、高兴(joy)、惊讶(surprise)。研究者考虑了公众舆情的断点，提出了通过社交媒体网站获取公众舆情的发展趋势。他们开发了一种方法检测公众舆情的变化，并发现导致这些变化的事件。

第三章

了解民心：生态化的
公众社会态度感知技术

　　我国幅员辽阔，人口基数庞大，同时人口的空间分布很不均匀，故而公众的社会心态通常具有极其鲜明的地域差异性和时间变化性。针对不符合人口生态分布的横断样本数据开展的研究，往往难以准确及时地获知公众的社会心理与社会行为规律。我们只有对符合人口生态分布的样本数据进行即时性、连续性的长期监测，才能够更好地实现对公众社会心态的时间空间追踪，以便分析网络舆情事件参与者的心态，实现对事件发展的深入理解。

　　本章将讨论互联网＋心理学的应用方法：如何利用数据分析手段及时准确地了解社情民意，辅助社会治理。

一、社会心态感知的意义及研究现状

（一）社会心态感知对社会治理的意义

　　互联网飞速发展，全世界网民数激增。就我国而言，目前我国经济高速发展，各类社会问题逐渐显现，全球的科研和调查机构都非常关注中国问题（花蓉等，2005）。有效预测群体性事件发生的可能以及准确预测群体性事件可能产生的后果是避免恶性群体事件发生的有效途径。我国目前正处在社会转型时期，整个社会大背景为经济全球化、信息化下的经济转型。改革已触及各种不适应社会发展的体制问题，新旧体制并存常常造成机制冲突；国家间的利益竞争，使我国经济系统容易受到世界其他地区社会和经济动荡的影响，产生种种社会不稳定因素。这些不稳定因素如果没有得到及时处理，就有可能导致社会不稳定事件（张明军，陈朋，2012）。

心理学研究表明，群体性事件预警需要长期调查追踪公众社会心态的变化（王二平等，2003）。社会心态是一段时间内弥散在整个社会或社会群体中的宏观社会心境状态，是整个社会的情绪基调、社会共识和社会价值取向的总和。社会心态通过整个社会的流行时尚、舆论和社会成员的社会生活感受，对未来的信心、社会动机、社会情绪等得以表现。它与主流意识形态相互作用，通过社会认同、情绪感染、去个性化等机制，对社会行为者形成模糊的、潜在的和情绪性的影响（杨宜音，2006；马广海，2008）。根据对社会心态的调查，我们可以发现并监测各种社会不稳定因素，提请国家有关部门及时采取措施解决问题，防患于未然。因此，群体社会心态的感知，可为有效避免社会不稳定事件发生提供基础。

社会由个体组成，社会心态就是每个人心态的总和。心态是重要的社会心理现象，是指个体对社会事物的内隐行为倾向。心理学将心态看作认知和情感等基本心理过程与外部活动间的中介机制，看作动机、情感、知觉、认知过程的连续整合模式（王二平，2006）。具体来说，心态包含了人格（Amichai-Hamburger et al.，2008；Amichai-Hamburger et al.，2002）、心理健康（Stenius，2007）、社会态度（周瑾，2011）等多方面的心理特征变量。心态反映个体的社会存在，又主导其行为。人对涉及的社会事物是否符合自身物质方面或理念方面的需要，会产生肯定或否定、赞成或反对、接近或拒绝的体验（Amiel et al.，2004）。因此，个体因各种社会事物对自己的意义差异，会形成不同方向、不同强度以及从核心到边缘地位的不同心态。另外，通过调查公众的社会心态，就可以做到对公众行为动机、过程和目标的感知，可以进一步更直接、及时地预警社会不稳定因素，这是建立和谐社会、维护社会长治久安、促进经济发展、缓解社会矛盾的重要手段之一。面对突发状况，不管是政府官员还是公众，他们所看到的只是这个状况的一角。只有掌握了大多数民众的态度和想法，政府才能准确知道这样的突发群体事件的紧迫程度。在分析了大多数人的态度之后，政府才能准确采取应对措施，把可能造成的危害降到最低。

(二)现有公众社会心态感知的方法及其不足

及时、有效地感知公众社会心态对社会治理具有重要意义，在研究和实践过程中，需要注意以下几个关键点。

覆盖程度。调查结果应当反映某地区的社会心态情况，因此受调查的是某地的公众，而不是某一个或几个人，这就对调查覆盖范围的广度和覆盖样本的人数有着极高的要求。

调查过程的成本投入。人们总是希望用最少的钱完成最多的任务，社会心态调查也是如此。这种社会性调查在保证结果可靠的前提下，更应该注意控制成本的投入。

调查结果的现实意义。社会心态调查的目的是进行社会不稳定因素的早期识别，这也是其现实意义所在。如果调查周期过长，则调查结果无法代表当时的公众社会心态，那样的调查结果不具备现实意义，只能作为科研用途的概念模型。

传统社会心态调查以调查问卷和量表作为工具，通过招募和培训调查员，安排其对被试进行面对面的调查，回收被试的调查结果，完成对公众社会心态的调查。虽然量表法有着深厚的理论和实际基础，但在社会心态瞬息万变的今天，却存在着如下难以克服的不足之处。我们在第一章已概括地分析了传统心理调查方式无法避免的不足之处，在这里为了阅读方便，我们针对社会心态调查做详细的阐述。

第一，传统方法受限于调查规模，其调查结果不够客观。被试群体受社会赞许性等因素的影响，会对调查有抵触心理，不愿参加调查。一旦被试被迫参加调查，则很有可能会对调查的内容进行虚假的回复。这本身并不是调查工具的误差，而是实际操作中"人"带来的主观误差。同时，当覆盖范围广的时候，必然要增加调查员人数。由于调查员的感知模式不同，也会导致对调查结果的评判标准不同。

第二，传统调查的成本投入极大。一个完整的调查周期包括招募调查员、开展面对面调查和调查结果的统计计算。整个过程下来，需要在劳务费（包括调查员、受调查被试以及结果统计计算的工作人员的费用）和调查资料费（调查问卷的打印费用）上投入巨大财力。根据经验，一个万人级的调查成本约为几十万元。

第三，调查结果的现实意义很难保证。由于社会调查要求覆盖范围广，其调查周期也要长于普通调查。目前国内外的社会调查周期一般在3~6个月。也就是说，社会调查最快也要一个季度后才能得到计算结果。而此时，公众的社会心态早已经发生了变化，其调查结果只可作为学术研究，现实意义不足，无法为社会不稳定因素的早期识别提供数据支撑。

二、社交媒体行为与用户心理特征

心理科学是以心理和行为为研究对象的科学，个体的心理特征对其行为有重要的影响，而个体行为在很大程度上也是其心理特征的体现。网络行为作为个体行为的一个子集，同样也是其心理特征的体现。

由于心理特征难以被直接观测，一般心理测量是通过合适的外显测量指标将内隐的心理构念外显化、形象化。在心理测量中，对个体进行心理测量的手段是对其行为样本进行客观化、标准化的度量。为了达到对行为样本的度量，研究者一般通过询问、观测受试者的行为、对特定问题的反应等心理学问卷，即通过设计包含多个问题的问卷来对受试者的行为样本进行考查，另外还通过对外显行为、个体周边环境及其"行为残余"等的观察（Gosling et al.，2003），了解受试者的精神状态。

在传统的心理学研究中，对行为样本的考查是通过实验、观察、询问的方法来进行的。而在当前互联网逐渐成为人们生活密不可分的一部分的时代背景下，数据即行为。这是因为，互联网行为逐渐成为人类行为集合中一个新的、不可忽视的子集，人类的互联网行为记录实际上是普遍化的、自愿的人类行为（喻丰等，2015）。

近些年，我国信息科技事业得到了迅猛发展。中国互联网络信息中心（China Internet Network Information Center，CNNIC）于2021年8月发布的第48次《中国互联网络发展状况统计报告》显示，截至2021年6月，我国网民规模已达10.11亿，较2020年12月增长2175万，互联网普及率达71.6%，形成了全球最为庞大的数字社会。信息科学技术的发展和互联网平台的出现，为社会预警研究的发展提供了新的契机，可以很好地弥补传统研究方法的局限，使通过主观心态指数进行动态监测和快速预警成为可能。

目前，国外的研究者已经利用互联网平台开展了一系列相关研究（Golbeck et al.，2011），内容涉及心理幸福感、政治意向、政治选举等多个主题。国外的实证性研究已经证明了通过网络及通信平台的用户数据对社会心态感知计算的可行性，也为我国社会管理创新、社会心态监管提供了新的思路和方法。因此，社交网络行为记录，将是感知社会心态的理想途径，是建立主观心态指数并进行快速预警的重要基础。

人们在社交媒体上的行为是人们使用互联网行为的重要组成部分。以微博为例，一方面，用户在微博这样的社交媒体平台上的行为是可比较的，不同于一般的小规模的心理学实验；社交媒体平台提供了一个统一的、相同的在线环境，微博拥有规模庞大的用户群，并且这些用户的行为方式、行为记录的形式是相同的，从而避免了不同研究者对同一行为样本采用不同测量方法，使得在这一平台上的研究可以被不同的研究者进行重现、比较。另一方面，用户在微博上的行为是自觉、自愿的。尽管有自我展示的动机和成分，但是用户在微博上发布信息、评论等行为都是自觉、自愿的，而不是被强迫的，这有别于以给报酬、课程学分等方法吸引或强迫受试者填写问卷或参加实验，避免了不必要的外部变量对观测的影响。

（一）计算机科学领域基于社交媒体行为分析的用户心理研究

在计算机科学研究领域，有学者先后提出了情感计算（affective computing）、观点挖掘［opinion mining，又称情绪分析（sentimental analysis)］等概念，与之相关的研究在近年来兴起的社交媒体平台上也逐渐涌现。

情感计算以人机交互中个体情绪的感知为主要目的，在识别情感时主要以人体生理信号、语音、表情、文本等输入途径为主。

情绪分析（观点挖掘）相关的研究在 21 世纪初通过互联网的发展逐渐兴起。在情绪分析技术中，主要的方法是基于计算语言学和自然语言处理，针对的是个体对特定事物的态度极性和情绪表达，具有代表性的研究为利用机器学习方法对文档评论进行情感极性分类的研究（Bo Pang et al.，2008）。

自社交媒体飞速崛起以来，涌现出了一批基于社交媒体对大众情感建模的研究。例如，有学者基于脸书（Facebook）、推特上用户发表的状态，构建了群体的"幸福感"指标（Kramer et al.，2010；Dodds et al.，2011），并将这些通过社交媒体感知出的指标与经济走势、社会事件等进行比较，发现指标与经济、社会有着密切的关联。但在这些研究中，研究者普遍以启发式的方法，主观"设计"出幸福感指标。这种主观"设计"的方式，没有考虑很多潜在的具有预测性的变量，从而最终会影响对群体心理状况整体感知的准确性。

上述基于社交媒体的研究，从心理学的角度来讲，主要集中在对广义的心理现象的研究，对个性心理特征的研究较少。

（二）心理学领域中基于社交媒体行为分析的用户心理研究

在心理学研究领域，网络心理（cyberpsychology）随着互联网和社交媒体的发展成为一个新兴的研究领域。广义上，与新兴技术（emerging technology）有关或受新兴技术影响的心理现象研究都可算作网络心理的研究范畴；狭义上，网络心理研究的对象为：在人与人、人与计算机交互的环境下，人类的心理和行为，以及计算机与虚拟现实环境下的文化。该学科领域目前主要的研究方向有：

互联网和社交媒体对用户心理产生的影响（例如，使用社交媒体是否会使个体抑郁）；

用户的心理特征与其网络行为的关联；

基于网络的心理干预和治疗。

这里我们将重点探讨用户心理特征与其网络行为的关联，为基于社交媒体行为分析的社会态度感知提供理论基础。既有研究利用用户的社交媒体在线行为记录数据，主要研究用户的心理特征与社交媒体行为之间的关联分析，解释用户的在线行为可能受到了哪些心理特征的影响和驱动。

在个体研究层面，戈斯林等人（Gosling，2011）研究了脸书用户大五人格和其网络特征的关联模式。他们设计了 11 个社交特征，并且得出用户的社交活跃度可以用来作为内外向的预测因子。他们的研究通过人格合理验证了使用特征的可行性，但是他们并没有建立人格预测模型。

科雷亚等人（Correa et al.，2010）研究了社交媒体用户的大五人格和社交媒体使用情况。他们通过计算被试的大五人格和社交媒体使用特征的相关性，发现开放性、内外向维度与社交媒体的使用呈显著正相关，而神经质则为负相关。然而他们的研究并没有进一步考虑通过已有的网络用户社交媒体使用情况进行用户人格预测。

穆尔等人（Moore et al.，2012）研究了脸书用户大五人格对社交网络功能使用的影响。他们邀请了219名研究生作为被试群体，用户数据的采集通过用户自我陈述的方式记录。虽然得到了很多有意义的结果，但用户在对网上行为进行自我陈述时，会对自己行为的鉴定有主观导向。以这样的方式得到的样本集并不够严谨。

坎贝尔等人（Campbell et al.，2006）通过在线方式，在互联网上招募了188名被试，同时在线下以纸笔测试的方式招募了27名经常上网的大学本科生用户作为样本组。他们的研究表明，在网上花费的时间长短和抑郁症的强烈程度之间不存在一定的关系。同时，他们发现，经常上网的用户更可能具有较强的孤独感，也更可能会沉迷于互联网。

贝塞尔等人（Bessière et al.，2008）通过研究发现，经常浏览互联网的信息并参与互联网娱乐的用户更可能会抑郁。那些使用互联网频繁的用户具有较高的抑郁评分。相反，那些使用互联网不频繁或极少的人，抑郁得分较频繁使用者更低。

彭等人（Peng et al.，2010）发现，对网络游戏的依赖与抑郁症有显著的正相关关系。吉姆等人（Jim et al.，2001）研究了神经质和轻微的精神障碍之间的关联模式。

在群体研究层面，学者更多关注社交网络自身的舆情及其发展变化模式的研究（Junco，2012），如对社交网络的社群组成和发展（Passant et al.，2008；Mucha et al.，2010）、社交网络的属性和定位（Kwak et al.，2010）和社交网络的新媒体特性体现之处（Hermida，2010）等都做过系统剖析。在社交网络的功能上，学者又对其信息传播模式（Veltri，2013）、收听功能（Crawford，2009）、用户对话的模式（Shamma et al.，2011；Chen et al.，2008）等做了相关的研究。近年来，随着推特社区结构趋于稳定，关于推特上的群体态度研究开始增多。

加夫尼研究了 2009 年伊朗选举中推特的作用（Gaffney，2010）。他通过人工方式，获取了在 2009 年伊朗选举时段内的推特用户数据，并着重分析与选举话题相关的推特内容。该研究结果证实，社交网络已经成为平民发表反对意见、彼此辩论的渠道。

伊福科对 2007 年尼日利亚大选时的推特社区进行了研究（Ifukor，2010）。该研究以人工评阅为基础，考察了在 2007 年尼日利亚大选前后的推特用户数据。他发现人们会采用社交网络作为发表观点的重要渠道。也就是说，社交网络的使用，刺激了选民积极参与民主治理。

在发现行为与心理特征关联的基础上，亦有学者建立模型来通过行为"预测"用户的心理特征。例如，凯西亚等学者（Quercia et al.，2011）尝试了基于推特用户的关注、被关注（包括订阅列表）、发帖情况这三个基本行为，来分析这些行为与用户的人格特征的相关性，并建立了利用这些特征来预测用户人格特征的模型，对大五人格得分的预测误差在 25% 左右；科辛斯基等学者（Kosinski et al.，2013）利用脸书用户的"Like"行为，以"用户-Like"矩阵的无监督降维和聚类作为特征，建立了预测用户的性别、情感状况、种族、年龄、智力商数（intelligence quotient，IQ）、生活满意度、人格等特征的模型。

可以看出，随着用户行为越来越多地表现在社交媒体上，利用社交媒体上用户的行为数据来建立用户心理预测模型具有一定的可行性。

三、社交媒体文本与用户心理特征

（一）中文文本情感分析的相关研究

社交媒体用户在网络空间中除了有使用操作行为的记录，同时文本行为痕迹占据重要的比例。针对文本数据的挖掘和分析，对社交媒体用户心理指标的分析有着至关重要的作用。文本情感分类是一个新兴的课题，在数据挖掘和信息检索等领域有大量的研究。

宁悦等人（Ning et al.，2010）建立了一个五分类的中文文本情感分类器。在特征提取过程中，基于情感词典，降低非情感词项权重，同时增加情感词项的权重。该方法的思路非常值得借鉴。然而，该方法只在计算卡方统计量时使用了情感词典，在后续建模过程中仅仅采用文本分类的算法，在实际应用中有些许不足。

林等人（Lin et al.，2007）尝试建立读者情感分类系统。他们使用的特征集的组合，把雅虎新闻文章分为不同的情感类别。他们的特征集，包含了中文字符的二元模型和元数据。但新闻文章的读者情感与特征集（如出版时间或社会事件发生地）并没有很强的相关性。因此，实施的八个类别的 SVM 分类器的精度对于某些类别的正确率甚至低于 60%。

胡于进等人（Yujin et al.，2004）实现了朴素贝叶斯文本分类模型的运用。其结果表明，朴素贝叶斯分类器（Naive Bayesian Classifier，NBC）在纯文本分类的问题上具有最好的性能。然而，该研究对于情感分类仅仅定义了两种情感，即正向与负向。更多的读者情感（如快乐、愤怒、悲伤、感动等）需要更深层次的分析。

波米克(Bhowmick et al.，2010)提出了一个可将句子分为多个情感类别的方法。他们的语料库包含 1 000 个新闻句子，并将其标注为愤怒、厌恶、恐惧、快乐、悲伤和惊奇。他们比较了机器情感分类和人工情感分类的性能，在实验中发现，一些模糊的情感样本(情感相结合样本，如愤怒和厌恶)在人工分类中出现的偏差较大。他们使用在句子中的词和词性作为特征集。实验结果的最佳平均精度为 79.5%，平均 F 值为 59.52%。

在中文文本的情感分类方法研究中，大部分都是基于传统的文本分类。一些研究者采用了博客文本作为语料库，并分析了作者或读者的情感，但却普遍存在正确率低的问题。

上述研究表明，建立情感分类模型对于文本的情感分析相当重要。情感分类是一项重要的基础性工作，也被集成于其他系统，但前提是其分类的准确率要满足相关人员应用的要求。

(二)中文文本情感分类方法

随着互联网的快速发展，越来越多的文本信息通过互联网进行传播。在信息检索技术的帮助下，急剧增加的网上信息，包括新闻、博客等，一方面可以满足人们的信息需求，另一方面可以满足人们在网络上的情感需求。例如，一个患严重抑郁症的摇滚迷，相比之下更需要抑郁调节的资源。传统的搜索引擎更关注于信息需求的满足，而忽略了在文本内容下的用户情感需求(Lin et al.，2008)。

识别人的情感需求，有助于帮助人们适应外部环境，激发个人生活和工作动力，更是分析用户心理特征的重要指标之一。本章提出了建立一个基于情感词典和修正朴素贝叶斯方法的读者情感分类系统，并在中文新闻语料库中评估其性能。研究表明，该系统可对文本的情感进行准确分类。该方法将在后续作为衡量用户心理特征指标的重要手段之一。

1. 情感分类原理

相对于文本分类，文本情感分类需要以情感关键词为对象，侧重分析文本中包含的情感。我们以一个研究示例来描述情感分类的原理。首先，通过爬虫程序，以社会新闻为原始语料，建立本地语料数据仓库。建立数据处理准则，对数据仓库中的语料进行合理的选择和变换。运用情感词典，可以构建每篇新闻文章的文本情感向量。采用朴素贝叶斯分类器、支持向量机分类器等不同算法，建立不同的情感分类模型。在最后评估的部分，使用交叉验证方法，对不同的分类性能进行对比。其工作步骤见图 3-1。

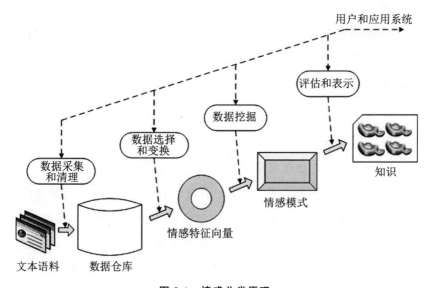

图 3-1　情感分类原理

2. 语料库

本书介绍的语料来自新浪社会新闻，这主要是由于新浪社会新闻网站支持情感投票的功能。阅读每一篇新闻，读者可以从"感动""同情""难过""无聊""搞笑""温馨""新奇""愤怒"等情感标签中，挑选自己当时所处的情感状态，见图 3-2。

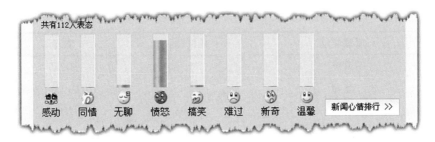

图 3-2　新浪社会新闻网站支持的情感投票功能

本书涉及的语料库下载于 2010 年 12 月，其中共计 14 000 篇社会新闻文章。然而，该语料库包含一些噪声样本，必须在模型训练前进行过滤。为了得到高质量、情感鲜明的数据集，特制定了以下样本过滤准则：

①一些模棱两可的新闻，没有传达道理、几乎不包含任何情绪的文章可以被删除，具体体现在情感投票总数低于阈值（500）的文章被剔除；

②一些过时陈旧的文章应该被忽略，体现在文章发表时间在一年前的样本可被剔除；

③字数过多或过少的文章，应该被忽略，具体可根据样本字数分布设定阈值，这里可采用字数处于均值加减 0.25 个标准差的区间作为筛选准则；

④某些情感种类文章过少，该类不满足可训练的前提，则这一类都应该被剔除。

根据准则①～③，可手动过滤掉一些不满足条件的样本。最后，每个类别的文章数分布如表 3-1 所示。

表 3-1   样本集中各情感类别分布表

情感类别	比例(%)	数量
愤怒	75.26	6 255
感动	13.58	1 129
搞笑	6.94	577
新奇	3.36	279
无聊	0.47	39
难过	0.24	20
同情	0.12	10
温馨	0.02	2

在表 3-1 中,"无聊""难过""同情""温馨"的新闻文章所占比例明显低于语料库的平均水平(设定最低比例为 1%)。基于准则④,可认为由于这四类样本过少,而导致其不满足数据挖掘的样本量要求,故而被忽略。因此,后面进一步的情感预测都是基于剩余的四类,即"愤怒""感动""搞笑""新奇"。

至此,我们可得到一个干净的数据集。由于数据集各个类别分布不均衡,因此本书称之为不平衡数据集。同时,由于某些分类算法的均衡数据集要求,在建模时再使用策略 1~3 次,我们从每个类别中随机选择了 200 篇文章,并建立一个均衡数据集。

3. 预处理

简体中文文本需要训练前的预处理,其目的在于将非结构化的粗数据,经过数据选择和转换,变成可被计算分析的数据。

由于语料来自网页爬虫,语料体是包含网页超文本标记语言(Hyper Text Markup Language,HTML)源码的文本。因此首先需要对其中的 HTML 标签进行解析,提取其中的新闻文本内容并保存。

中文文本不同于英文文本,英文语境下由于空格字符的使用,各个单词早在文本生成时就被分割。在中文文本的处理过程中,由于篇章中没有分割符号，需要首先进行中文分词。本研究采用中国科学院计算技术研究所提供的中文分词工具(Institute of Computing Technology，Chinese Lexical Analysis System，ICTCLAS)。它可以基于训练用途，定制特定情境下的词典，并可以在较低的时间复杂度下快速完成中文词语分割。该分词工具的输出，是一个包含原文章所有词项的集合。情感分类后续研究都是在这些词的层面上开展的。

在文本分析中，有很多出现次数多却包含信息少的语气词、助词等停用词。将分词结果经过停用词表的再次过滤，可得到每一篇文章的主要词汇，完成预处理的全部过程。

4. 情感词典

本书中情感分类方法的核心思想是，根据情感词典，减少其他非情感词项的权重，同时增加情感词项的权重；并以此思路修正朴素贝叶斯分类器中关于各个词项归属某类别的条件概率。

我们的情感词典来自以下几个部分：原版的同义词词林(梅家驹，1996)、扩展版的同义词词林、知网(Hownet)语料库词典。同义词词林首发于 1996 年，在 2006—2009 年扩充。知网情感词来自实际语料，为人工筛选。同时，计算本研究语料中的每个词项的卡方统计量，并将卡方统计量最高的前 100 个词项添加到情感词典中。卡方统计量的公式如下：

$$\chi^2 = \frac{N \times (AD - CB)^2}{(A+C) \times (B+D) \times (A+B) \times (C+D)}。$$

其中，A 是词项出现在某类别中的频次，B 是词项出现而类别未出现的频次，C 是类别出现而词项未出现的频次，D 是词项和类别都未出现的频次。卡方统计测试基于假设检验，衡量的是词项与类别之间正向或负向的相互共变关系。

经过以上步骤(见图 3-3)，最终可得到一个超过 1 400 个词项的情感词典。

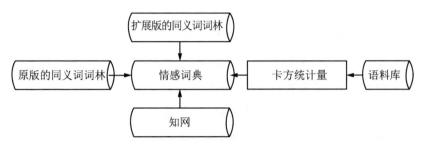

图 3-3　情感词典计算过程

5. 情感分类算法

在本书中，情感分类是预测文本情感的过程，属于单标签多分类的问题。对于数据集的每一篇文章，其向量可表示为：

文档＝(词项$_1$，权重$_1$；词项$_2$，权重$_2$；…；词项$_n$，权重$_n$)。

一个直观的想法是，增加在训练数据集中出现的情感词的权重，同时降低所有其他非情感词的权重。

因此，我们采取了修正贝叶斯条件概率的方法。根据定义，对于每个词项 t 和每个类别 c，贝叶斯条件概率为：

$$weight_{t,c} = \frac{T_{c,t}+1}{\sum_t T_{c,t}+B}。$$

其中，$T_{c,t}$ 为训练集中词项 t 在类别 c 中出现的频次，B 是在所有类别中的词项总数。分子的"＋1"项是一个光滑因子，可避免零概率。根据情感分类需求，将上式修正为：

$$weight_{t,c} = \frac{(K_t+1) \times T_{c,t}+1}{\sum_t T_{c,t}+B+K_t \times N_c}。$$

其中，N_c 为在训练集情感类别 c 中出现的情感词频，K_t 是一个非负的情感词加权系数。当词项 t 为情感词时，K_t 为非负常实数；当词项 t 为非情感词时，K_t 为 0。如果 K_t 设置为 0，则情感分类将退化为普通的文本分类，即

$$weight_{t,c} = \frac{T_{c,t}+1}{\sum_t T_{c,t}+B}。$$

如果 K_t 设置为无穷大，则情感分类问题将只考虑情感词，而忽略全部非情感词，即

$$weight_{t,c} = \frac{T_{c,t}}{N_c}。$$

情感词典的使用原理如图 3-4 所示。

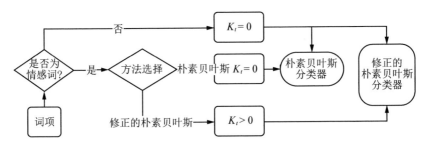

图 3-4 情感词典的使用原理

因此，本书的情感分类算法流程见表 3-2。

表 3-2 修正的朴素贝叶斯情感分类算法

算法：修正的朴素贝叶斯情感分类算法
输入：类别 C，文档集 D，词项集 V，情感词典 E

① $N_c \rightarrow Count(D \cap E)$；% 文档集中出现的情感词总数
② $B = |V|$
③ 对于每一个情感类别 $c \in C$
④ $prior[c] \leftarrow \dfrac{N_c}{N}$
⑤ 抽取 D 中 c 类文档并串联生成类别库 $text_c$
⑥ 对于 V 中的每个词项 t
⑦ 计算 $text_c$ 中 t 出现的频次并赋值给 $T_{c,t}$
⑧ 对于每个情感词 t %$t \in V \cap E$
⑨ $condprob[t][c] = \dfrac{(K_t+1) \times T_{c,t}+1}{\sum_t T_{c,t}+B+K_T \times N_c}$
⑩ 对于每个非情感词 t %$t \in V \&\& t \notin E$

算法：修正的朴素贝叶斯情感分类算法

输入：类别 C，文档集 D，词项集 V，情感词典 E

⑪ $condprob[t][c] \leftarrow \dfrac{T_{c,t}+1}{\sum\limits_{t} T_{c,t}+B}$

⑫输出：V，prior，condprob；%算法的返回值

6. 实验结果

为了测试情感词典的重要性，我们设计了两个可比较的实验研究。实验一测试的是在未使用情感词典情况下的分类。该实验采用经典的机器学习算法支持向量机和朴素贝叶斯作为分类算法，并针对均衡和非均衡数据集分别建模。实验二使用了情感词典，采用修正的朴素贝叶斯分类算法进行建模。在评价系统效果时，采用精度、召回率和 F 值作为性能评价指标。

(1)实验一

实验一不使用情感词典，以经典分类算法进行情感分类，其结果将作为本实验的基线。

本实验首先利用支持向量机算法进行性能测试。支持向量机模型的核心思想是找到一个最大分类界面，把样本分割为单独的类别。由于支持向量机关注于最大分类界面，该方法对数据样本的分布不敏感。因此，我们选择它作为不平衡数据集的训练算法。为了降维简化计算，在此使用卡方统计量进行特征选择。本实验选择卡方统计量最大的前 500 个词项特征进行训练。使用十折交叉验证，其测试结果如表 3-3 所示。

表 3-3　SVM 在非均衡数据集的分类效果

类别	召回率	精度	F 值
愤怒	0.912	0.963	0.937

续表

类别	召回率	精度	F 值
感动	0.873	0.690	0.771
搞笑	0.575	0.460	0.511
新奇	0.818	0.720	0.766

本实验同时也测试了朴素贝叶斯分类的性能。由于朴素贝叶斯分类方法对样本量的分布情况比较敏感，因此为了得到良好的性能，本实验运用平衡数据集进行建模。

朴素贝叶斯分类的主要理念是，计算词项出现在类别的条件概率，并采用乘法原理以概率最大事件作为分类结果。为了避免零概率的出现，本研究采用了增加"＋1"项的平滑方法。在均衡数据集中，采用五折交叉验证，SVM 和 NBC 的分类效果见表 3-4。

这两个系统是本实验的性能基线。从结果性能参数看，使用朴素贝叶斯算法时，"感动"类别的模型精度较低，仅为 0.279，其他类别至少在 0.63，其原因可能是感动类的新闻文章涉及许多不同方面的话题。对于对情感不敏感的分类器来说，这种略显暧昧的情感分类难度非常大。

表 3-4　SVM 和 NBC 在均衡数据集的分类效果

类别	SVM			NBC		
	召回率	精度	F 值	召回率	精度	F 值
愤怒	0.806	0.83	0.818	0.933	0.630	0.752
感动	0.904	0.88	0.891	1	0.279	0.436
搞笑	0.790	0.76	0.745	0.740	0.900	0.812
新奇	0.832	0.83	0.831	0.535	0.930	0.679

（2）实验二

实验二添加了情感词典，并对 NBC 分类的条件概率进行修正。本实验将通过对比分类效果，对情感词典的作用进行评估和测试。

为了减少其他因素的影响，实验二采用均衡数据集进行分类测试。实验面临的第一个问题是，如何确定情感词加权系数 K_t。如前讨论，当 $K_t=0$ 时，该分类将回到传统的文本分类。另外，如果 K_t 过大将会导致该系统的情感词过拟合。因此，我们可通过穷举法，对于每一个给定的 K_t，采用修正的朴素贝叶斯情感分类算法（表 3-2），计算分类模型的平均精度和平均召回率，并选择精度和召回率最大值时的 K_t 值作为修正朴素贝叶斯情感分类的参数。

图 3-5 即为精度、召回率和 F 值随 K_t 变化的曲线图，其中横坐标为 K_t。根据图中显示，当 $K_t=1.2$ 时，可得到模型预测效果的一个局部最优值。表 3-5 为 $K_t=1.2$ 时的分类结果。

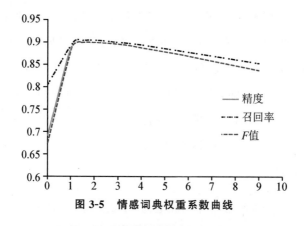

图 3-5　情感词典权重系数曲线

表 3-5　采用情感词典修正 NBC 的分类结果

类别	召回率	精度	F 值
愤怒	0.902	0.870	0.886
感动	0.980	0.880	0.972
搞笑	0.831	0.870	0.849
新奇	0.877	0.940	0.907

在表 3-5 中可见，修正的朴素贝叶斯情感分类的平均精度达到 89%，远远超出基线方法的精度。这意味着，本研究的方法在中文

语境下，对情感分类的效果有提高。

7. 小结

本研究尝试建立一个情感分类器，可根据情感词典，针对简体中文新闻文章，对读者的情感给出预测和判断。建模算法修正了朴素贝叶斯条件概率公式，并添加一个新的代表情感词典权重的系数。从实验结果来看，系统具有更好的性能和精度，这意味着该分类器可以抓住文章情感倾向，正确地对每篇社会新闻文章进行情感类别区分。

在实验后的结果中发现，大多数错误分类样本更容易被判定为"愤怒"类，这意味着在新闻的情感中，有很大一部分愤怒因素。这可能导致社会舆情的扭曲或社会的不稳定。产生这种现象的原因，从新闻本身来说是因为新闻记者的写作目的在于吸引读者的注意力。人们较少关注无聊的新闻，相反，对于情感强烈的新闻更可能会投入注意力。

四、基于微博媒体的社会心态感知方法

(一)公众社会心态感知的技术难点

公众社会心态感知，是对每个人社会心理特征感知的总和。先前理论认为，心理特征是客观存在的(McCreery et al.，2012)，而且主导个人的行为(Gosling et al.，2003；Marcus et al.，2006)。也就是说，通过观察个人行为记录，可以对作为其行为动因的心理因素进行评估(Kosinski et al.，2013)。在社会治理应用方面，更侧重社会心态中的人格、心理健康和社会态度等维度的心理特征情况。

互联网技术的发展，为客观的个人行为记录提供了支持。通过观测用户的网上行为痕迹，构建用户行为记录与其心理特征的映射模型，建立行为与心理特征映射关系的知识库，即可对用户的心理

特征进行预测，做到社会心态及时感知。不过，基于微博媒体的社会心态感知方法还存在下面一些技术难点。

第一，网络高度开放的今天，要获取用户网上行为痕迹记录的粗数据已不再困难（Quercia et al.，2011）。然而，欲建立从网上行为记录到心理特征的映射模型，则在建立网上行为记录数据仓库的同时，必须再建立行为与心理特征的映射关系知识库，也就是获取有监督学习的标注信息，这样才可以采用建模算法，将知识库转化为从用户网络行为记录到其社会心态的映射模型。因此，如何设计实验，以高效获取网络用户的社会心态标注信息，采用何种建模算法，是研究的第一难点。

第二，用户的网上行为痕迹记录为非结构化数据，人可以理解其含义，而计算机则不具备观测的能力。要做到公众层面的社会心态感知，就必须实现对网络数据的智能化计算。数据的结构化变换，是所有后续建模应用的基础。一旦误采用无效的变换，将会丢失可以表征用户心态的重要指标。因此，采用何种处理数据结构化手段，设计哪类行为记录指标，以实现对网上行为痕迹数据的结构化转换是研究的第二个难点。

第三，不同模型计算的结果千差万别，采用经典的交叉验证策略，可以确保模型在知识库中的预测效果。由于研究面向的是社会热点，其目的在于泛化模型，并推广为对更大范围的公众社会心态计算感知，所以单纯的交叉验证不足以保证模型计算结果的准确性。如何设计研究方案，对模型自身的鲁棒性、大范围计算结果的可靠性进行评估和验证是研究的第三个难点。

（二）基于社交媒体的社会态度预测

中国科学院心理研究所计算网络心理实验室提出利用用户的网络行为对个体和群体社会态度进行非侵入式的自动感知，总体流程如图 3-6 所示。

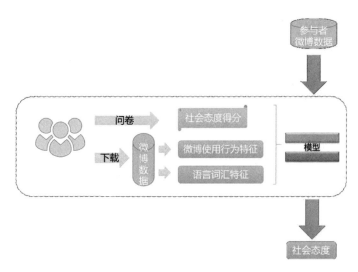

图 3-6 基于社交媒体行为分析的社会态度识别研究总体流程

　　为了构建社交媒体行为与社会态度指标间的关联模式，我们需要一定数量有社会心态指标标注的用户网络行为数据。在实验中，我们采用量表测评的方式获取用户的社会心态指标得分作为金标准，同时获得用户的授权，下载和分析被调查者对应的社交媒体行为数据，从中提取有效的行为特征作为自变量，并以社会态度得分作为因变量建立预测模型。保证模型的准确性和可推广性之后，就可以将模型应用于大范围网络用户中；通过对社交媒体大数据的获取，应用预测模型推断出公众的社会态度，进而能够对社会群体的态度和舆情走势有更全面、深入的了解。

　　新浪微博是国内使用人数最多的微博网站。微博 2020 用户发展报告显示，2020 年 9 月，微博的月活用户达到了 5.11 亿，日活用户也有 2.24 亿，且微博用户正呈现年轻化趋势。

　　新浪微博的用户可以发布文本内容，还可以添加表情、图像、音乐、视频等。其用户群具有相当的广泛性，学生、上班族、媒体网站以及企业组织等，都可以注册自己的页面宣传自我。用户在微博平台上的行为具有一定的特殊性，这主要体现为：用户在社交网络的所有活动，都基于社交网络所提供的基本功能。同时，人们在社交网络上的信息交互，和生活中的信息交互又具有高度相似性。我们偶遇熟人可以打招呼、聊家常，社交网络也有类似的功能。通过新浪微博这一平台，海量用户能够对他们关注的问题或领域发表自己的意见和见解，更加真诚地表现自己的想法和情感。因此，通过以微博为代表的社交网络大数据预测用户的社会态度切实可行，并有一定的实际意义。

1. 参与用户

本研究下载了 2 658 个活跃用户的微博数据，同意参与该研究的共有 2 018 个合格样本。表 3-6 为样本集的人口统计学信息。

表 3-6　样本集的人口统计学信息

人口信息	类别	个案数	百分比（%）
性别	男性	1 209	53.57
	女性	1 048	46.43
政治面貌	群众	370	18.33
	民主党派	2	0.10
	共青团员	1 424	70.56
	中共党员	222	11.00
教育程度	小学及以下	11	0.49
	初中	126	5.56
	高中	573	25.30
	中专	153	6.75
	大学专科	668	29.49
	大学本科	709	31.3
	硕士及博士	25	1.1
户口类别	城市	1 450	64.43
	农村	805	35.57

续表

人口信息	类别	个案数	百分比（%）
宗教信仰	有	554	27.45
	无	1 464	72.55

2. 社会态度问卷概述

研究团队在新浪微博平台上招募被试，参与数据采集实验。本研究选用了《城乡居民社会态度问卷》（Zhang et al.，2009；郑昱等，2010）。该问卷由中国科学院心理研究所王二平老师的课题组经过十多年研究编制而成，可准确度量被试的 14 个社会态度指标，分别为生活满意度、收入满意度、社会现状满意度、中央政府满意度、地方政府满意度、中央政府信任度、地方政府信任度、国家经济满意度、地方经济满意度、社会风险判断、社会公平满意度、愤怒情绪、集群效能、集群行为意向。用户在线填写《城乡居民社会态度问卷》后，对研究进行授权。

对于每一题的答案得分分别编码：5 分为非常满意，4 分为满意，3 分为一般，2 分为不满意，1 分为非常不满意。该问卷计算归属于同一维度题目得分的平均值，并以此作为被试在该维度上的社会态度得分。

3. 社交媒体行为特征——以新浪微博为例

特征提取是机器学习的传统难题，提取出的特征泛化能力的好坏直接影响模型的训练结果。根据具体的应用领域对特征进行合理有效的设计是整个机器学习过程构建的基础。

根据社交媒体平台用户使用社交媒体平台的特点，可将用户的网络行为划分为两大类：社交媒体平台使用行为及社交媒体平台文本行为。我们将用户在微博上进行的非语言类别的行为特征称作社交媒体平台使用行为特征（后可简称为"微博行为特征"）。该微博行为特征包括了用户在微博上进行操作的行为模式，如使用特定操作的频次、时间等。社交媒体平台文本行为特征主要指用户在社交媒体平台上发表的文字类数据记录。用户在创建原创微博时，微博当中可以包含文字、表情、图片、多媒体资料的统一资源定位器(Uniform Resource Locator，URL)等内容，并可包含地理位置信息，还可以使用"@"符号提及其他用户。用户也可以转发其他用户的微博，转发的内容包括原微博部分和转发用户新增的部分。新增部分相当于一条新的微博，但新增部分会连同原创微博一同出现在该用户的微博列表中。当一条微博被不止一次转发时，从第二次起的新增部分会和第一次转发的部分合并在一起，但在每次转发时新增的部分会用"//@转发者:"来分隔。用户还可以评论微博内容，评论内容不会出现在评论者的微博列表中。用户还可以对自己喜欢的微博进行点赞和收藏。

本研究所使用的微博行为特征体系综合考量了文献调研结果和新浪微博的具体属性，共包含用户如下行为特征指标。

个人信息展示：昵称、性别、所在地、是否有自定义头像、自我描述、微博域名、URL等。

隐私保护：是否允许所有人发私信、是否允许所有人评论、是否开启地理定位、公开微博数。

与他人交互：粉丝数，关注数，互粉数，互粉数与粉丝数比，互粉数与关注数比以及所发微博的评论数、转发数、点赞数的统计量。

微博使用活跃程度：开设微博账户日期、用户是否进行微博认证、微博数等。

微博使用习惯模式：原创微博数、原创微博占比、包含@的微博数、夜间时段(22:00至次日06:00)发表微博数、发微博天数等。

微博表达模式：包含图片的原创微博占比、包含URL的微博数、微博正文字数的统计量等。

微博情感表达模式：包含的积极表情/消极表情数量、包含的第一人称单数/复数表达数量等。

其他使用习惯模式：收藏数、点赞数等。

语言词汇特征是指从用户的微博文本内容中对其中包含词汇的含义进行分析所获取的特征，如图 3-7 所示。与英文不同的是，中文的词与词之间并没有空格分隔开，因此想要对中文词汇进行分析，首先需要对中文进行分词，也就是将一句话中的每个词单独识别出来。本研究的分词处理使用了哈尔滨工业大学社会计算与信息检索研究中心研制的语言技术平台(Che et al，2010)。接下来根据单个词在心理词库中的类型获取微博的语言词汇特征。

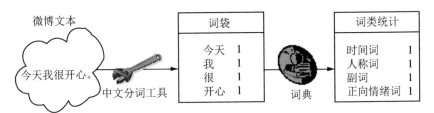

图 3-7　语言词汇特征获取流程

英文的心理语言词库（Linguistic Inquiry and Word Count，LIWC），从心理学的角度，将词汇从语言过程、心理过程、个人关切、口语类别四大角度进行了分类标定。我国台湾地区学者将该词库翻译为繁体中文。

为了使该词库能够适用于本研究所针对的简体中文语言环境，我们将该词库进行了简体中文化，并采用心理学专家评定的方法，对词库进行扩展，即从微博语料库中选取使用频率高的、未出现在原有词库当中的词汇，请心理学专家进行评定。评定一致后，将词汇纳入特定的类别，进行类型标定时，遵照原有词汇分类规则。我们也考虑了微博平台的表情、符号类别，将语言心理特征词库划分为 88 类。

4. 数据获取

本研究的数据采集采用在线被试招募的方式，通过测量平台"心理地图"以及新浪微博应用接口实现，其工作流程如图 3-8 所示。

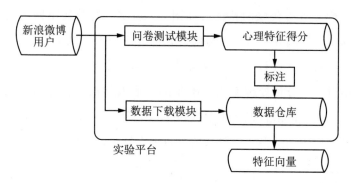

图 3-8　实验平台流程图

新浪微博作为公开的网络社交平台，可直接实现对上述用户行为特征数据的下载。用于模型训练的标注数据，则通过邀请用户参加研究来获取。用户在线完成量表测评，提供其社会态度指标。这些社会态度指标可实现对其微博行为数据的标注，建立社会态度预测知识库。

本研究共有两轮微博用户的数据清理过程，分别为实验前清理和实验后清理。本研究将微博用户分为三个层次。

第一个层次为注册用户。每个使用新浪微博的人都是注册用户。

第二个层次为活跃用户。微博用户量庞大，其中也有很多营销号或不常使用的小号。如果用户很少使用新浪微博，即在微博平台上留下的行为痕迹极少，则很难对其行为进行分析进而感知其心理特征。因此，基于社交媒体平台行为分析的心理感知识别的前提是目标用户为社交媒体平台的活跃用户。当用户在近 3 个月有发表微博消息的记录，同时从注册之日起共发表了超过 500 条微博的用户，即被定义为活跃用户。微博用户只有达到活跃用户的条件后，才可以参加本研究的实验。

第三个层次为合格用户。当活跃用户完成了在线评估后，研究者将仔细检查活跃用户的回答记录，并从中筛选出合格用户作为数据统计的研究样本。本研究定义合格用户达到的条件为：答题平均响应时间小于 2 秒；答案并不呈现特定规律。由于题目长度平均为 15 个汉字，当答题响应时间大于 2 秒时，将难以保证答案的真实性。同时，当用户的答案呈现清晰的机械规律，如"AAA…"或"ABCD-ABCD…"时，则认定用户答案为无效回答。

5. 社会态度预测模型

本研究以社会态度问卷测得的社会态度得分为效标或标准，从心理测量的角度，将我们的预测模型作为一种新的测量工具。那么从心理学的角度来评价测量工具有效性的一种方法是，使用相关法来衡量预测模型的效标效度，预测模型的效度可用以下公式计算得到：

$$r_{xy} = \rho_{X,Y} = \frac{\sum_{i=1}^{n}(X_i - \overline{X})(Y_i - \overline{Y})}{\sqrt{\sum_{i=1}^{n}(X_i - \overline{X})^2}\sqrt{\sum_{i=1}^{n}(Y_i - \overline{Y})^2}}。$$

基于最后合格的 2018 个样本，本研究对社会态度每个维度分别采用线性回归的算法进行建模，表 3-7 为不同社会维度预测模型中最重要的几个预测变量，具体预测变量的含义见表 3-8。

表 3-7　不同社会维度的重要预测变量

社会维度	重要预测变量
生活满意度	正向情绪词、互粉数、认知历程词、语助词、情感历程词
收入满意度	成就词、关注政府类用户数、负向情绪词、语助词、微博量
社会现状满意度	正向情绪词、关注数、互粉数、语助词、金钱词
中央政府满意度	使用@次数、关注数、正向情绪词、金钱词、过去时态

续表

社会维度	重要预测变量
地方政府满意度	因果词、关注政府类用户数、焦虑词、成就词、认知历程词
中央政府信任度	正向情绪词、互粉数、情感历程词、使用@次数、关注政府类用户数
地方政府信任度	转发微博量、人类词、确切词、互粉数、关注政府类用户数
国家经济满意度	正向情绪词、转发微博量、关注认证用户数、情感历程词、微博量
地方经济满意度	关注媒体类用户数、转发微博量、使用@次数、应和词、身体词
社会风险判断	转发微博量、因果词、微博量、关注认证用户数、关注媒体类用户数
社会公平满意度	死亡词、关注政府类用户数、健康词、愤怒词、负向情绪词
愤怒情绪	负面情绪词、使用@次数、微博量、关注媒体类用户数、转发微博量
集群效能	关注个人认证类用户数、使用@次数、转发微博量、关注网站类用户数、负向情绪词
集群行为意向	关注认证用户数、关注政府类用户数、空间词、互粉数、因果词

表 3-8　预测变量的含义

预测变量	含义
正向情绪词	用户微博中包含的积极情绪词个数,如信心、满足、祝福
互粉数	互粉代表该用户既是微博所关注的用户,也是微博的粉丝
认知历程词	包括洞察词(如了解、恍然大悟、体会),因果词(如引起、使得、变成),差距词(如不足、期待、应该),暂定词(如大约、未定、差不多)等认知历程相关词

续表

预测变量	含义
语助词	语气助词，如呢、吗、吧
情感历程词	微博中表达情绪的词语个数，包括正向情绪词和负向情绪词，如气愤、感恩、失望等
成就词	微博中表达成就相关的词语个数，如擅长、尽责、高手等
关注政府类用户数	关注用户中认证为政府用户的个数
负向情绪词	用户微博中包含的消极情绪词个数，包括焦虑词、生气词和悲伤词
微博量	用户所发微博条数
关注数	微博关注用户数
金钱词	微博中表达金钱相关的词语个数，如富有、年薪、折扣
使用@次数	微博中@其他用户的次数
过去时态	微博中表达与过去时态相关的词语个数，如去年、刚才、昔日等
因果词	微博中表达与因果关系相关的词语个数，如引起、使得、变成
焦虑词	微博中表达与焦虑情感相关的词语个数，如不安、挣扎、紧绷
转发微博量	用户所发微博中非原创微博，而是转发其他用户的微博条数
关注认证用户数	微博关注用户中属于认证类用户的个数
关注媒体类用户数	关注用户中认证为媒体用户的个数
应和词	微博中表达应和、同意相关的词语个数，如了解、真的、好等
身体词	微博中表达和身体相关的词语个数，如脖子、皮肤、肠胃等
死亡词	微博中表达和死亡相关的词语个数
健康词	微博中表达和健康相关的词语个数

预测变量	含义
关注个人认证类用户数	关注用户中认证为个人用户的个数
关注网站类用户数	关注用户中认证为网站用户的个数
空间词	微博中表达和空间相关的词语个数，如里面、街道、台上等

　　线性回归是对目标变量(或因变量)y 和一个或多个解释变量(或自变量)x 之间的关系进行建模的一种方法。被调查者的社会态度问卷得分作为预测模型的因变量，每个人对应的网络行为特征和语言词汇特征则为预测模型中的自变量。通过统计产品与服务解决方案(statistical product and service solutions，SPSS)软件中的自动线性建模(automatic linear modeling)可以实现数据处理、特征选择、模型训练和预测，并且输出预测结果。

　　表 3-9 为模型预测值和真实值的皮尔逊相关系数。本研究中效果最好的预测模型的相关系数达到 $0.47 \sim 0.62$ 的中等相关。通常，在社会心理学研究中，如果相关系数大于 0.3(中等相关)就可以认为这种相关性是有意义的，并且是能够被接受的。所以，本模型相关系数符合该领域的普遍要求，符合进一步推广的标准。

表 3-9　不同社会维度预测模型的相关系数

社会维度	相关系数
生活满意度	0.57
收入满意度	0.58
社会现状满意度	0.59
中央政府满意度	0.59
地方政府满意度	0.49

社会维度	相关系数
中央政府信任度	0.58
地方政府信任度	0.47
国家经济满意度	0.56
地方经济满意度	0.58
社会风险判断	0.58
社会公平满意度	0.62
愤怒情绪	0.54
集群效能	0.56
集群行为意向	0.58

（三）案例分析：北京公交、地铁调价听证会期间的社会态度分析

2014 年 7 月，针对公交、地铁票价调整一事，北京市发展改革委联合交通委完成了公交票价改革公开征集意见活动。听证会共设听证参加人席位 25 个，委托市消费者协会、市人大、市政协以及有关单位推荐产生；设旁听席位 10 个，设新闻媒体席位 20 个，公民和媒体可在规定时间内报名参加。

据网上信息介绍，根据北京市委、市政府开门定方案的指示和要求，从 2012 年 12 月以来，北京市发展改革委、北京市交通委会同相关单位开展了广泛深入的调查研究，于 2014 年 7 月完成了公交票价改革公开征集意见活动，收到 2.4 万人提出的 4 万多条意见和建议。在票价方案的制定中将坚持三个原则：一是公益性、公平性原则；二是坚持安全性、便捷性原则；三是坚持可承受性、可持续性原则。公益性主要是保持公共交通领域政府资金投入力度，保持政府对公共交通运行的适度补贴，继续保持对老年人、学生、残疾人、军人等群体的优惠政策。公平性主要是改变单一票制，全面实行计程票制，多乘坐多付费，使票制更公平、更合理。在坚持公益

性的前提下，在票价水平的安排上，地铁平均每人每千米价格不高
于国内同类城市水平。客观而言，先前北京的公共交通基础设施的
收费极其低廉，这也可以说是彰显首都包容性的一个方面。然而此
次价格上调，无论怎样做到公平、公益、可承受，对习惯了价格低
廉出行的市民来说都难以承受。因此，听证会的召开显得至关重要。
管理部门在前期必须阐明价格上调的不得已因素，引导舆论走向，
并时刻对公众舆情、社会心态进行有效监管。在听证会期间，必须
虚心倾听民意，力争在提高民生成本的同时，提高政府办公的透明
度；在后期，能做到对事件妥善处理，对民众的态度感知做到心中
有数。因此，对于此次与公众基础民生关系紧密的群体性事件，我
们尝试基于微博行为分析的社会心态感知方法观测事件前后的群体
社会态度，并归纳总结事件对社会心态的影响模式。

　　听证会于 2014 年 7 月召开，也就锁定了事件的时间范围为
2014 年 7 月前后。基于前面介绍的实验，在已有标注数据的基础上
构建了社会态度自动识别模型，并应用于北京地区的微博用户，可
以绘制出事件前后的公众社会态度变化曲线，见图 3-9 和图 3-10。

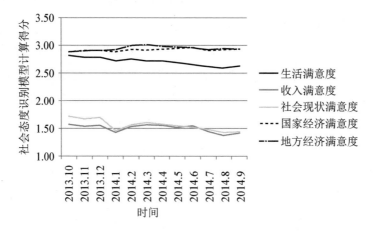

图 3-9　听证会期间北京社会态度指标变化情况 1

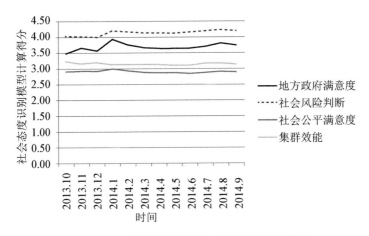

图 3-10　听证会期间北京社会态度指标变化情况 2

　　由图 3-9 和图 3-10 可见，在 2014 年 6 月至 7 月，全市生活满意度、收入满意度、社会现状满意度和经济满意度（国家和地区）出现了下降；地方政府满意度、社会风险判断、社会公平满意度以及集群效能出现了上升。这种变化趋势一直到 2014 年 8 月才有所转变。也就是说，事件对于公众社会态度并没有造成深远的影响。

　　可见，听证会作为吸取民众意见而制定国家或地区政策的方式可以有效提高政府工作的透明度，增加百姓对政府工作的满意度。但多数群众对地铁、公交价格上升持有偏负向的情绪，会降低对生活、收入、经济和社会现状的满意度，进而提高了对社会风险的判断，对社会公平度持有不满的看法。由于百姓对事件早已有所准备，并非突发事件，因此，事件并没有造成公众社会态度的剧烈突变，同时事件本身的负面因素也在下一个月被大众消化。

　　可以说，听证会召开得非常成功。一方面，完成了政府倾听民意的需求，提高了百姓对政府的满意度，树立了政府民主集中的正面形象；另一方面，对于百姓生活成本提高带来的负面影响也被最小化，几乎没有造成任何负面的结果。

第四章

合理应对：基于公众心理
特征的网络舆情预警技术

多数舆情事件产生的动因是某种公众情绪的爆发，这种情绪如同一个火药桶，某个偶然性事件会像导火索一样点燃积聚已久的群体情绪，演化成舆情事件。对于已经爆发并检测出的舆情事件应如何应对、处理、善后，除了需要考虑舆情参与者的情绪、社会态度等各项指标外，还要考虑舆情下一步的发展趋势：是会继续发酵，还是不会引起更多人的关注？这对于事件的恰当处理与应对具有重要意义。

本章将讨论舆情趋势预警方法，解决如何利用舆情发展已知信息，预测舆情下一步的发展趋势这一重要问题。

一、舆情预警技术的发展

(一)关于舆情发展相关的理论基础和线下调查经验

从国内外的一些研究经验，我们可以得出下面的一些结论。首先，社会预警系统的产生来源于频繁发生的不稳定事件（王二平等，2003）。不稳定事件更多的是带来危害，因此就保障民众的高质量生活和全社会的稳定和谐来说，预警系统是我们迫切需要的。其次，对社会预警系统的研究是一门跨学科的交叉研究。不稳定事件可能来源于经济、心理、政治、医疗等多个方面。单一的学科研究已经无法满足社会预警的需求。因此，国外社会预警研究机构的人员常年保持在百人以上，包括心理学家、社会学家、经济学家、数学家、统计学家等多个学科的专家。只有这样才能从多方面来探测社会不稳定事件发生的可能性。

社会舆情预警在欧美等发达国家和地区早已存在。在此以下面3个具有代表性的机构进行简要说明。

美国社会研究所从 1975 年开始，每年都对青年人的生活方式和价值观进行调查；从 1979 年开始，每年都对黑人的生活方式进行跟踪和研究；从 1989 年开始，对黑人的价值观变化进行研究。

成立于 1956 年的英国全国社会研究中心，是一个独立的非营利研究机构（相当于我国的事业单位），调查结果很少公开发表。从 1957 年开始，其每年都对家庭支出进行研究；从 1983 年开始，每年都对公众社会态度进行收集和分析。

设在芝加哥大学的美国全国意见研究中心只开展一项基本社会调查研究。该调查内容包括了生活方面、工作方面、日常休闲娱乐方面、宗教信仰以及政治态度五个方面。以上研究都对大范围的用户进行了调查，但也因此导致这些社会调查的周期过长，成本也很高。

中国科学院心理研究所王二平老师的课题组，在线下群体行为预警方面有着深厚的研究基础。他们的研究表明，集群行为预警起因于不稳定事件，集群行为预警也已经成为跨学科的研究，并有朝着全世界推广的趋势。

中国科学院心理研究所从 2002 年开始进行"社会预警系统的心理与行为指标"的研究，通过调查公众的社会态度，分析对自身生活状况、社会现状、中央政府、地方政府是否满意，从而对各种社会不稳定因素进行预警。在该研究中，当地经济发展水平（人均GDP）与城乡居民生活工作的满意度并未显示相关，反而是当地政府和基层干部工作的满意度和居民满意度关系密切。

网络舆情在心理学中是一种典型的集群行为（Brunsting et al.，2002；Glasbergen，2010；Wan et al.，2011）。所谓集群行为，是群体成员共同参与的行为，目的是改善群体的现状（Wright，2009；Wright et al.，1990）。它也是一种由于群体形成相同的情绪导致的个体行为（Park et al.，1970），涉及相对剥夺、群体认同、群体愤怒等社会心理过程。对地震灾民的调查显示，正当性、可行性、责任性和群体支持皆是群体相对剥夺的前因变量（Zhang et al.，2009）。

社会心理学主要从下列一些方面研究舆情的产生及传播。

集体无意识。无论谁构成这个群体，每个人的工作、心理特质或智力是相同的还是不相同的，一旦他们变成一个群体，他们就获得了一种改变他们思想、感受和行为的集体心理，这种心理与他们独处时完全不同。当一个人独处时，一些情绪或想法根本不会出现在这个人身上，或者至少不会转化为行动。

其一，感染性。感染性意味着属于同一个集体的成员互相之间可以很轻易地被对方的语言或行动影响，而且可能在某些特殊的气氛下一时减弱自我意识，无意识地进入集体创造的气氛里。

其二，从众心理。从众心理代表因为受到群体压力的影响，个人的态度或行为发生一定的变化，同时还可能会受到集体的规模、群体的凝聚力等不同因素的影响（Deutsch et al.，1955；Festinger，1954）。

其三，情绪化。情绪化是一个很容易经常暴露的特点（Mackie et al.，2000）。群体里的情绪较个人而言更容易被夸大，而网络的匿名化使情绪化这个特点表现得更为明显。具体暴露出来的情绪类型和情绪强度都体现了舆情参与者的态度，对舆情目前的发展态势和下一步可能的发展趋势有着非常重要的作用，也为相关部门应对该舆情的措施起到了很有利的辅助决策作用。

经典的传播学理论对舆情的传播有如下的一些分析解释（杨柳，

2009）。①议程设置功能。大众传媒在一定阶段内对某个时间和社会问题的突出报道会引起公众的普遍关心和重视，进而使其成为社会舆论讨论的中心议题。②意见领袖理论。意见领袖是指在信息传递和人际互动过程中少数具有影响力、活动力，既非选举产生又无名号的人。③沉默的螺旋理论。由于环境认知所带来的压力和安全感，会引起人际接触中"劣势意见的沉默"和"优势意见的大声疾呼"的螺旋式扩展过程，并导致社会生活中占压倒优势的"多数意见"——舆论的诞生。④群体动力论。勒温及其合作者认为，群体是一个动力整体，对群体行为的分析不能仅仅分析群体中个别的状况，必须抓住群体的整体特征。

群体弱化的责任感让很多互联网用户认为，在互联网匿名化和言论自由的大环境下，没有必要为自己的疏忽或错误负责，这也导致用户不去考虑自己行为可能产生的后果，从而部分弱化了其社会责任感（Lodewijkx et al.，2008）。

（二）基于网络数据分析的事件预测等应用研究概述

卡恩（Khan，2014）通过对新闻文章的挖掘分析，对股票的发展趋势进行预测。预测模型使用了 K 最近邻（K-nearest neighbor，KNN）分类器算法，模型的准确率基本达到了 70%。

童等人（Tung et al.，2016）提出了一种事件驱动的警告模型，根据社交网站发布的内容预测抑郁的趋势。他们利用文本挖掘技术对社交媒体、论坛、网站发布的内容进行分析，使用增强事件提取（E3）方法自动提取消极事件词语，通过分析用户在博客或发布文章中的内容预测他们的抑郁趋势。模型获得最好的召回率和 F 值分别为 0.668 和 0.624。

有研究者使用社交媒体平台上用户之间"关注"的关系来预测信息流的流向和每个用户对其他用户的影响程度。他们提出了一些特征，用来区分事件每个阶段是否为热门话题。

还有研究者(Kwak et al., 2010)对社交媒体平台上的一些热门话题进行了长达近4个月的追踪。他们发现了关于参与用户的行为、活跃时间和相关发布数量随着时间变化的规律。

现有研究虽然已经有深厚的理论基础和线下调查经验，但时间跨度较长，难以满足及时性的要求。因此，作为舆情预警的一部分，我们需要解决如何利用舆情发展的已知信息，预测出舆情下一步的发展趋势。如果能够根据心理学、社会学和传播学等相关领域的已有理论知识，在线上实现及时、大规模地获取用户数据，更能够第一时间进行有效的舆情预警，就能为相关部门处理舆情提供一定的参考和帮助。

二、基于公众心理特征的网络舆情趋势预测

本节介绍基于公众心理特征的网络舆情趋势预测方法的研究。我们依据心理学、社会学和传播学等相关领域的已有理论知识，根据舆情参与者的社会态度预测结果，创建出了一系列与舆情下一步发展变化相关的指标集合。我们可以根据舆情案例库中的真实舆情事件提取一系列特征，通过机器学习的回归算法训练模型，能够准确有效地对网络舆情的发展趋势进行预测，从而实现舆情预警。

(一)数据收集

研究通过新浪应用程序接口获取舆情发生当日及其后5天内100万活跃用户的微博。在近3个月有发布微博的记录，同时自注册之日起共发表了超过500条微博的用户，即被定义为活跃用户。

接下来对微博数据进行分词，以便特征提取。具体而言，我们需要将事件相关微博的具体内容进行分词处理。本研究中的分词技术使用的是哈尔滨工业大学社会计算与信息检索研究中心研制的语

言技术平台(Che et al. ，2010)。

(二)特征提取

基于社会心理学及经典的传播学理论，我们从社交媒体数据中提取若干与舆情事件热度相关的特征指标。

1. 事件规模

由社会心理学的相关研究可知，群体规模是影响个体是否愿意或者继续参与该群体事件的重要影响因素。在微博平台上，已经形成一定规模的微博事件更容易引起大家的关注和参与。我们通过两个特征来展示该微博舆情事件的群体规模：一是当前参与讨论该事件的微博数；二是当前讨论该事件微博的热度，即除了发微博外也包括其他的参与行为，如评论、转发和点赞。

2. 情绪值

很多微博用户通过发布微博内容实现对情绪的宣泄，而具体表现出的情绪类型对舆情事件的进一步发展有至关重要的作用，应该受到关注。因此我们考虑的特征还包含了事件相关微博的情绪值。

情绪词库采用与用户心理表达较为相关的有"情感词汇本体库"(徐琳宏等，2008)。该词库从语言的情绪表达角度，将10 627个词汇划分为7大类20小类。中文情感词汇本体基于埃克曼的6类情感体系建立了7大类情感类型，共包含27 000多个情感词语。

另外，微博用户经常使用新浪微博平台提供的默认表情符号来表达自己的情绪，如"😊"。本研究专门把这些表情符号归入了不同的情绪种类，作为已有的情感词典的一部分补充。

3. 意见领袖

根据传播学的意见领袖理论，意见领袖对事件的参与很可能会导致微博事件发展成重大网络舆情。而在微博上意见领袖通常为认证用户，因此我们获取参与该事件不同认证用户的人数，作为重要特征之一。目前微博认证的类型包括个人认证、企业认证、政府认证、媒体认证、网站认证和院校认证。

4. 社会态度

基于用户的微博行为及内容特征与社会态度的多维度指标进行建模预测，对微博活跃用户施测了《城乡居民社会态度问卷》，依据微博特征预测问卷中的十四维社会态度。社会态度的不同维度反映了相对剥夺、正当性、可行性、责任性、社会认同、集群行为意向等。因此，它可以作为网络舆情事件预测的影响因素之一。

5. 持续天数

不管是传统事件还是网络舆情事件均有其生命周期，发生一段时间后大家的注意力会被渐渐转移，尤其是在各类新闻频发的今天。对网络事件趋势预测的同类研究已经证明了事件的持续天数越长，新的参与者参与讨论该事件的可能性越低，因此事件的持续天数对预测事件的发展趋势有效，我们也将事件的持续天数作为要考虑的影响因素之一。

所有特征集类别及描述在表 4-1 中显示。

表 4-1　特征集类别及描述

类别	描述
事件规模	事件相关微博量 事件相关热度
情绪值	"快乐"词数，"快乐"所占百分比 "愤怒"词数，"愤怒"所占百分比 "好"词数，"好"所占百分比 "悲伤"词数，"悲伤"所占百分比 "恨"词数，"恨"所占百分比 "害怕"词数，"害怕"所占百分比 "惊讶"词数，"惊讶"所占百分比 总情绪词数，情绪词所占百分比

续表

类别	描述
意见领袖	非认证用户数，认证用户数 个人认证用户数，公司用户数 政府部门用户数，媒体用户数 院校用户数，网站用户数
社会态度	生活满意度，收入满意度 社会现状满意度，中央政府满意度 地方政府满意度，中央政府信任度 地方政府信任度，国家经济满意度 地方经济满意度，社会风险判断 社会公平满意度，愤怒情绪 集群效能，集群行为意向
持续天数	事件已持续天数

（三）特征选择

特征选择（feature selection）是为了提高模型效果，从已有全部自变量中选取最优的特征子集的过程。因为在已有的自变量中很有可能有一些自变量对模型预测没有贡献，反而会对预测结果形成干扰。而且自变量过多会导致模型训练时间很长，难以迅速及时地预测结果。通过删除无关或相互依赖的一部分自变量，仅留下对模型预测有直接作用的特征集合，可以提高模型训练的效率和准确性。一般来说，进行特征选择需要先从完整的特征初始集合中选择一部分特征作为子集，然后通过对子集的预测效果进行评价，判断是否需要进一步选择子集，还是停止迭代，如图 4-1 所示。

由于目前所选用特征都有一定的理论基础和已有研究的证实，我们假设大部分特征对预测结果有效，因此本研究采用反向特征消除（backward feature elimination）进行特征选择，如表 4-2 所示。给定包含 k 个特征的特征集 F，指定 Y(F) 为模型用 F 特征集作为预测变量得到的 F 值。将 Y(F) 初始化为 Ybest。原始特征集初始化为有

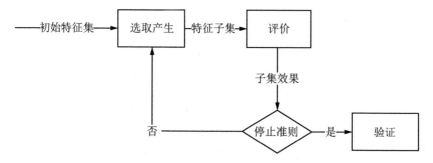

图 4-1　特征选择的一般过程

效子集 S。每一轮迭代将 S 中的其中一个特征消除，因此特征集合中 Stemp 中包含 $k-1$ 个特征，在第 r 轮迭代中包含 $k-r$ 个特征。如果 Y(Stemp)＞Ybest，意味着 Stemp 在模型中预测的效果优于 S，因此最佳子集 S 应被 Stemp 代替。如果 Y(Stemp)＜Ybest，意味着子集 S 在模型预测中的效果更优，迭代停止。

表 4-2　反向消除特征选择算法

算法 1　特征选择

输入：原始特征集合 F＝{f1, f2, …, fk}；
输出：有效的特征子集 S；
初始化：特征子集 S＝F；Ybest＝Y(F)；

1：	while b＝1 do	//当 b＝1 时，循环开始
2：	b＝0；	
3：	for s∈S do	//循环开始
4：	Stemp＝S－s；	
5：	if Y(Stemp)＞Ybest then	//查看是否满足条件
6：	Ybest＝Y(Stemp)；	
7：	S＝Stemp；	
8：	b＝1；	
9：	end if	//结束查看是否满足条件
10：	end for	//结束循环
11：	end while	//结束

（四）建模方法

我们基于三种经典回归算法构建了预测模型：LASSO(least absolute shrinkage and selection operator)回归，岭回归(ridge regression)和弹性网络(elastic net)回归。线性回归是对目标变量(或因变量)y 和一个或多个解释变量(或自变量)x 之间的关系进行建模的一种方法。LASSO 也可以被称为线性回归的 L1 正则化，是基于最小化误差平方和的回归方法(Hans，2009)。通过最小二乘法，可以获得实际数据和计算数据之间平方和最小差异化的结果。而 LASSO 回归通过加入 L1 范数作为惩罚约束，避免模型的过拟合。LASSO 公式如下：

$$\text{argmin} \| q^1 D^t + q^2 D^{t,2} + \cdots + q^k D^{t,k} - Y^t \|_2^2 + \rho \| q^t \|_1 。$$

岭回归也使用最小二乘法，加入 L2 惩罚系数，将估计的系数收缩为 0(Kennard，1970)。通过引入一些偏差减少差异，从而产生一个更好的均方误差。当存在子集的系数很小甚至是 0 时表现较好。

弹性网络回归是岭回归和 LASSO 回归的结合，是一种正则化回归方法(Mol et al.，2009)。它将 LASSO 回归和岭回归中的 L1 和 L2 惩罚项相结合。和 LASSO 回归一样，弹性网络回归方法也可以通过生成零值系数来简化模型。

（五）方法示例

通过整理人民网和新华网公开提供的舆情事件列表，汇总出了 46 个网络舆情事件。基于对每个舆情事件内容的掌握，我们为每个事件人工定义了一个或多个关键词，把包含关键词的微博数作为表示事件的类别标记(Kaleel & Abhari，2015)。为了避免关键词定义不准确带来的误差，我们将事件发生前关键词出现的数量与事件发生当天或后一天关键词出现的微博数量进行比较，如果数量相差不大，说明我们的关键词定义有问题，那么我们就会另外换一组关键词，直到结果准确为止。我们得到事件发生 5 天内在 100 万用户中的微博数量后，发现有些事件微博量很少，不满足对事件进一步分析的数据量要求，所以我们将微博量很少的事件去除，最终剩余有效事件 38 个。

由于大多数人通常在休息时使用微博，一天中的微博量在不同的时间段有较大的区别，如图 4-2 所示。因此我们选择一天作为关注的单位时间段，将一天内相关事件的微博量作为我们要预测的因变量。根据已获得的 38 个事件持续 5 天的数据，获得 $38 \times 5 = 190$ 个样本量。由于有些事件并没有持续 5 天，为防止对预测结果的影响，将部分数据量极少的样本去掉，最终的样本量是 101。

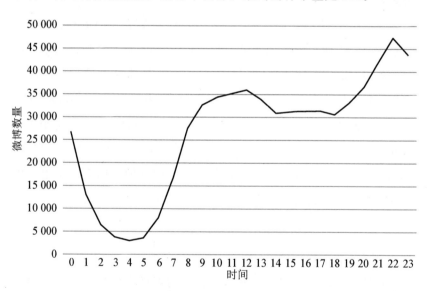

图 4-2　一天内微博量随时间变化

在微博舆情事件趋势预测的实际应用中，人们往往更为关注该事件是否会爆发成为重大舆情事件。根据人民网年度热点舆情事件的微博数，本研究拟定重大网络舆情事件标准为 100 万活跃用户中事件相关微博量大于 1 000 条，也就是在事件预测的结果中，实际微博量大于 1 000 条表示发生了重大网络舆情事件。

目前所得到的所有特征中可能存在不相关的特征。为了进一步提高模型效果，消除冗余特征，需要进行特征选择。我们分别采用岭回归、LASSO 回归和弹性网络回归对数据集进行特征选择（图 4-3）。

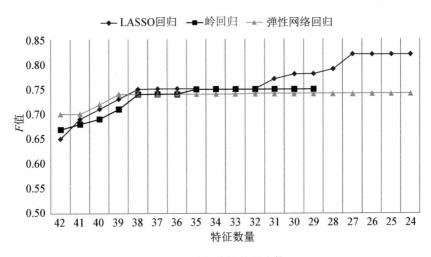

图 4-3　特征选择效果比较

通过对上述三种算法的结果进行比较，最后得到效果最优的特征集合，三个模型的精度、召回率和 F 值分别如表 4-3 所示。

表 4-3　预测模型结果比较

方法	精度	召回率	F 值
LASSO 回归	0.78	0.88	0.82
岭回归	0.73	0.85	0.79
弹性网络回归	0.66	0.77	0.71

通过表 4-3 预测模型结果比较可明显看出，LASSO 回归在各方面效果最优。精度和召回率分别达到了 0.78 和 0.88，证明了该模型预测网络舆情趋势的有效性和可扩展性。

在特征选择后得到的有效特征包括：事件持续天数、快乐、愤怒、忧郁、憎恶、怀疑、DF-IDF、扩展微博量、扩展微博消极情绪值、未认证用户量、认证用户量、黄 V、院校用户、新浪用户、微博量、热度、收入满意度、国家政府满意度、地方经济满意度、社会公平满意度。

在实验中，一系列有效的特征集合已经被提出，为了进一步证明我们研究的可靠性和可用性，我们将这些特征应用到新的舆情事件中。2015 年 4 月 6 日下午 6 点 56 分，福建漳州发生了 PX 项目爆燃事故。它是关于一个化工厂的大爆炸和火灾的舆情，引起了公众对石油安全的广泛关注。

我们首先获取 2015 年 4 月 6 日至 2015 年 4 月 12 日的 100 万微博用户数据，共 3.09 G，通过关键词 PX 获取该事件每天的实际微博量。基于上述实验得到的有效特征，获取每天微博数据中的有效特征，通过 LASSO 回归方法预测该事件的次日微博量（表 4-4）。

表 4-4   预测值与真实值对比

日 期	真实值	预测值
2015 年 4 月 7 日	2 260	3 176
2015 年 4 月 8 日	1 289	1 579
2015 年 4 月 9 日	597	67
2015 年 4 月 10 日	309	100
2015 年 4 月 11 日	231	100

根据表 4-4 中该事件在整个生命周期中以天为单位的舆情规模（微博量），分别将真实的舆情规模和我们通过模型预测出的舆情规模展示出来，见图 4-4。可以看出，预测值与真实值虽然不可避免地存在一些偏差，但二者的整体发展趋势较为接近。

PX 事件的微博量在 4 月 8 日有明显下降的趋势，且本模型也正确地预测到了这一下降趋势。我们将影响模型的部分关键特征的趋势图展示出来，重点查看各种特征在 4 月 7 日的表现是否为次日事

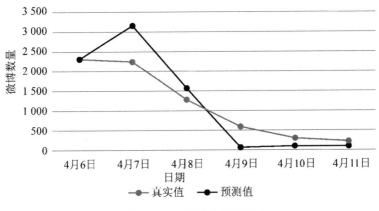

图 4-4　PX 事件发展趋势

件相关微博量的下降提供线索。在事件规模方面，虽然微博量以及参与的非认证用户数量在 4 月 7 日仅有非常缓慢的下降，但热度的下降非常迅速，这说明该事件已经很难引起大家的持续关注。在情绪值方面，乐观情绪上升趋势大于愤怒、忧郁、憎恶等消极情绪。另外，愤怒和憎恶两类较为极端的情绪在 4 月 8 日均显著下降，这说明大家对 PX 事件的反应已经趋于平静，没有过多的情绪起伏。在意见领袖方面，在 4 月 7 日，参与该事件的意见领袖数量就已经明显减少，这说明该事件进一步扩大的可能性非常小。在社会态度方面，中央政府满意度和社会公平满意度都没有产生大的波动，这意味着公众对中央政府和社会公平的基本信心没有被动摇（图 4-5）。

　　根据以上描述，本研究基于舆情发展相关的已有理论基础及已有研究的文献进行分析总结，最后整理出了一套较为全面的舆情趋势预测特征体系，并通过特征选择的方法得到最终的有效特征集合，以使舆情趋势预测的效果达到最优。

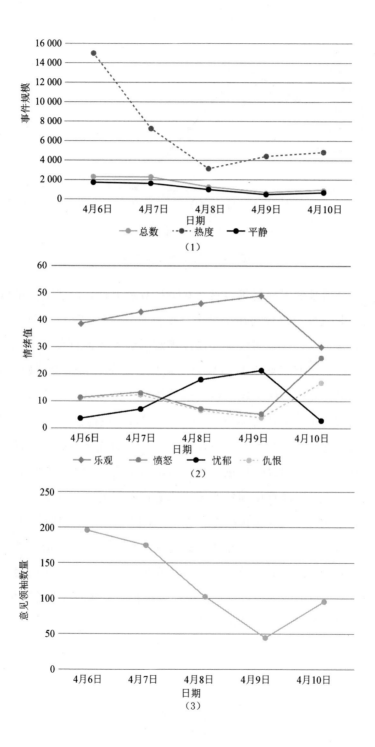

（1）

（2）

（3）

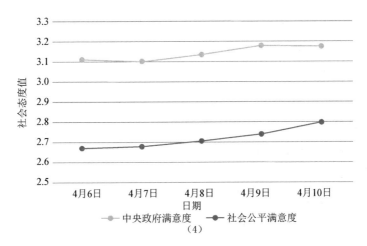

图 4-5　PX 事件关键特征趋势图

在整个研究过程中，我们以海量的社交媒体大数据为依托，结合了机器学习中的回归分析、特征选择等方法训练模型，从实际的舆情事件中提取特征，并在大量舆情数据集的基础上得到有效的网络舆情趋势预测模型，预测网络舆情接下来的发展趋势：是会继续膨胀发展为重大事件，还是会迅速失去热度？最终预测模型取得了较好的效果。

通过对新的舆情事件进行预测模型的实际应用，新的事件所预测的结果与实际舆情发展趋势相吻合，证明本研究使用的特征集合有一定的预测效果，能够为网络舆情事件的及时处理提供科学依据。

三、网络舆情监测预警平台

对于已经爆发并检测出的舆情事件应如何应对、处理、善后，除了需要考虑舆情参与者的情绪、社会态度等各项指标，还要考虑舆情下一步的发展趋势：是会继续发酵，还是不会引起更多人的关注？

因此，作为舆情预警的一部分，我们需要解决如何利用舆情发展的已知信息，预测出舆情下一步的发展趋势。这项研究根据心理学、社会学和传播学等相关领域的已有理论知识，根据舆情参与者的社会态度预测结果，创建出了一系列与舆情下一步发展变化相关的指标集合。根据舆情案例库中的真实舆情事件提取一系列特征，通过机器学习的回归算法训练模型，能够准确有效地对网络舆情的发展趋势进行预测，从而实现舆情预警。

中国科学院心理研究所计算网络心理实验室将多年在网络行为分析研究方面的积累应用到实际的舆情事件中，结合舆情检测技术、社会态度预测模型和网络舆情趋势等研究成果，建立网络舆情监测预警平台，实现针对网络舆情的实时检测，并迅速对已有热点事件进行分析和预警。

由于受到算力限制，研究团队在新浪微博平台上随机选取110万活跃用户，通过网络爬虫技术对该批用户公开发表的微博数据进行持续抓取，并在此数据基础上开展舆情监测、分析、预警等工作。网络舆情监测预警平台主要包括3个功能模块。

其一，微博舆情动态监测系统。该系统实时检索并自动呈现包括环境、非法集合、宗教、医患关系、突发事件等领域的微博舆情动态；及时检测出不稳定事件，能够有效避免不稳定事件的发生，化解可能带来危害的风险因素。

其二，突发公共事件网络监控系统。该系统应用基于动态查询扩展技术和情绪分析的舆情事件检测技术，主要针对已经形成集中讨论情况的公共事件进行检测，每天自动计算并更新当日的公共事件；自动捕获并呈现新浪微博中出现集体讨论的公共事件，主要包括环保公共安全事件和突发公共安全事件的检测。

其三，突发重大舆情态势预测分析系统。该系统可由用户自行输入事件关键词和起止日期，在10分钟至1小时内即可进行舆情的态势分析。根据需要，对可能发展为重大网络舆情的事件，迅速进行态势的自动分析预测，包括事件参与者的社会心态、关注热点、情绪变动及热度变动等，由此分析事件的紧急程度及发展趋势。只有了解大多数民众的态度和想法，政府机构才能准确把握即时的社会稳定状况，预测不稳定事件的严重程度，以此准确采取应对措施，把可能出现的不良影响降到最低。

第五章

抽丝剥茧：大数据助推
网络舆情分析

本章将从民生新闻、社会事件、国际要闻、文化、科技多个方面举例展示大数据应用于网络舆情分析的诸多方面，使读者更直观地感受互联网＋心理的应用方法以及在社会治理方面发挥的作用。

需要说明的是，本章的事件分析使用的是中国科学院心理研究所计算网络心理实验室研究开发的网络舆情监测预警平台。该平台的计算分析是在新浪微博 110 万活跃用户数据基础上实现的。因为110 万微博活跃用户是随机选取的，对该批数据的分析可在一定程度上反映参与民众的心理特点及事件发展趋势特点。

一、了解民生诉求

(一)2018 年"'双 11'购物节"

"'双 11'购物节"是指每年 11 月 11 日网络购物促销日。近年来随着互联网产业的不断发展与进步，网络购物成为目前的主流消费渠道之一。自 2009 年起，阿里巴巴发起"'双 11'购物节"，随后众多国内大型电商平台包括京东、苏宁、唯品会等也纷纷参与进来。"双 11"至今已经发展成中国最大的网络购物促销日。时至 2018 年，

"双11"当天全国网络零售交易额已经达到 3 143 亿元，再次创造历史新高。

　　"双11"对于当下社会的影响无疑是巨大的。在经济层面上，"双11"巨额的成交量是我国经济活力的展现，不仅有助于提升国民经济自信，对推动我国经济转型也起到了辅助作用，而且降低了零售业门槛，滋养了一批微小企业。另外，借助网络良好的信息传递通道，"双11"在扶贫助农方面也做出了一定的成绩。在社会层面上，"双11"使得线下的物流等行业产生了更多的人才需求，缓解社会就业压力的同时也促进多行业发展。在安全层面上，"双11"是消费高峰期，交易过程中意外泄漏的个人信息可能被不法分子利用，最终通过短信、电话或邮件等通信方式进行诈骗，造成消费者金钱利益受损；但这也使得网络交易安全得到了重视，相应的防治措施越来越成熟，促进相应技术和行业的发展。基于"双11"巨大的影响力，为了即时、安全地进行社会治理，分析"'双11'购物节"舆情变化有着重要意义。

　　1. 事件概述

　　2018 年 11 月 11 日，00 点 00 分，"'双11'购物节"开启。阿里巴巴旗下天猫用时 21 秒，交易额破 10 亿元；2 分 05 秒，交易额达到 100 亿元；15 小时 49 分 39 秒，交易额超过了 2017 年"双11"全天交易额。22 小时 28 分 37 秒，交易额突破 2 000 亿元大关。截至 24 点 00 分，天猫单日交易总额达到 2 135 亿元，物流订单量达到 10.42 亿，又创历史新高。京东、唯品会、苏宁等电商企业也纷纷突破去年交易额，再次创造新的纪录。据统计，2018 年"双11"全国网络零售交易额已经达到 3 143 亿元，同比增长约 27%。"'双11'购物节"的影响力仍在逐年扩大，网民在消费狂欢的同时，也在社交媒体平台上表达个人在"双11"期间的消费心得，对这些数据进行分析，将有益于及时控制社会舆论走向，进而维护社会和谐安定，对经济的健康、合理发展起到保驾护航的作用。

2. 大数据舆情分析

首先获取参与"'双 11'购物节"话题的用户微博数据，并根据微博影响力对这些用户进行分类，分为普通用户（未认证用户）和黄 V 用户（指认证的个人用户）。结果显示，2018 年 11 月 11 日至 11 月 17 日，关于"'双 11'购物节"话题的微博数量多达 143 436 条，2018 年 11 月 11 日单日相关微博数达到 54 271 条（图 5-1）。参与用户比例为：未认证用户占 92.6%，黄 V 用户占 4.7%，企业用户占 1.3%，媒体用户占 0.6%，政府用户占 0.5%，学校用户占 0.1%，网站用户及其他类型用户占 0.2%。

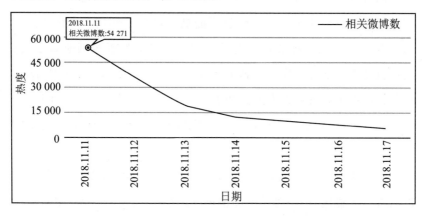

图 5-1　2018 年"'双 11'购物节"事件微博热度趋势图

运用生态化的公众社会态度感知技术，我们对 11 月 11 日至 17 日每天的"'双 11'购物节"相关微博进行了话题分析，计算了参与讨论"'双 11'购物节"的用户的社会态度十四维度指标，其中包括生活满意度、收入满意度、社会现状满意度、中央政府满意度、地方政府满意度、中央政府信心、地方政府信心、国家经济满意度、地方经济满意度、社会风险判断、社会公平满意度、愤怒情绪、集群效能、集群行为意向。将参与的普通用户、黄 V 用户的社会态度和基线水平的社会态度（指 110 万活跃用户的平均水平）进行对比。结果发现，在所有参与"'双 11'购物节"相关话题的微博用户当中，普通用户的社会态度几乎与基准水平一致。而比之基线水平和普通用户，黄 V 用户大多收入良好，故对生活、收入和社会现状的满意度较高，对中央和地方政府比较有信心，社会风险判断较高，愤怒情绪明显，集群行为意向较强；但对中央及地方政府的满意度低于平均水平，同时还具有较低的社会公平满意度和集群效能（图 5-2）。

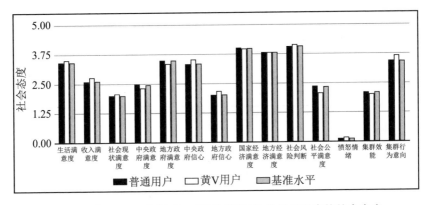

图 5-2　参与 2018 年"'双 11'购物节"讨论的微博用户的社会态度

在 2018 年"'双 11'购物节"期间，事件参与者的情绪也在发生变化，我们主要通过快乐、愤怒、失望、忧郁、憎恶、难过、怀疑这 7 个情绪指标（图 5-3）进行分析。

快乐：在购物节当天达到峰值，在随后的 6 天中呈下降趋势，显示为阶梯状逐日递减。

愤怒：在购物节当天达到峰值，在随后的 2 天呈下降趋势，在第 4 天愤怒情绪陡然增多，在第 4～7 天恢复下降趋势。

失望：在购物节当天达到峰值，在随后的 2 天呈下降趋势，在第 4 天失望情绪陡然增多，在第 4～6 天呈下降趋势，在第 7 天失望情绪稍有增多。

忧郁：在购物节当天达到峰值，在随后的 2 天呈下降趋势，在第 4 天时有回升趋势，在第 5 天忧郁情绪再次接近峰值，在第 6～7 天显示为下降趋势。

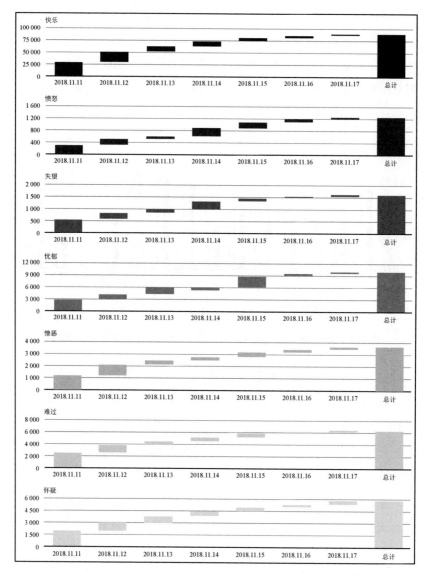

图 5-3　参与 2018 年"'双 11'购物节"讨论的微博用户情绪发展趋势

　　憎恶：在购物节当天达到峰值，随后呈下降趋势，到第 5 天时憎恶情绪稍有增多，随后逐渐减少。

　　难过：在购物节当天达到峰值，随后呈下降趋势，到第 4 天时难过情绪稍有增多，随后逐渐减少。

怀疑：在购物节当天达到峰值，随后呈下降趋势，在第 7 天时有所增加。

在整个"'双 11'购物节"中，话题讨论参与者的情绪状态主要表现为快乐；在"'双 11'购物节"当天，参与者各项情绪指标均达到峰值；在第 4 天，参与者的愤怒、失望、忧郁、憎恶、难过和怀疑一系列负面情绪都有不同程度上升，其中愤怒和失望情绪上升较为明显；在第 5 天，忧郁情绪明显上升；整体趋势表现为快乐情绪的不断消失。

在此次"'双 11'购物节"事件中，我们通过网络大数据分析，对话题参与者的社会心态及情绪变化过程进行揭示。这种生态化的心理感知技术在方便我们及时把握事件走向的同时，也引起了一系列对社会问题的思考。数据分析得出从"双 11"当天过去的第 4 天起，参与者的负面情绪产生不同程度的上升。这存在几种可能的解释：一是参与者在活动期间可能存在冲动消费行为，即购置了一批无用的或计划之外的产品；二是网络商家可能存在过度营销、虚假宣传行为，导致消费者收到货物后产生巨大的心理落差；三是由于物流运输、商家交易量巨大等原因，在送货或退货的过程中，网络消费者产生时间损耗、金钱损耗。为了减少或避免这类问题，我们希望消费者、电商管理部门和有关上级部门能够引起重视，为营造更健康的"'双 11'购物节"氛围做出努力。

3. 小结

我们利用微博大数据分析了话题参与者在此次"'双 11'购物节"事件中的情绪及社会态度指标。"'双 11'购物节"为网民带来了极大的快乐情绪，但负面情绪的增长也警示我们：作为消费者，在"'双 11'购物节"中应保持理智，切勿盲目跟风，冲动消费；作为线上商家，应该避免过度营销和虚假宣传，否则在引起网络舆论的同时会损伤店铺信誉。同时我们希望相关管理者重视监管，避免在"双 11"

期间出现价格乱象、欺诈消费等，推动"'双 11'购物节"进一步规范化。"双 11"作为全民性的购物狂欢节，一旦产生大面积的负面舆论，将会造成难以预估的影响。合理把控"双 11"期间的舆情，有利于维护社会安定，推动经济健康发展。我们希望通过对"'双 11'购物节"事件的网络舆情分析，给消费者、电商、上级主管部门以及后续科研工作者提供一定启发。

(二)"棉花肉松"事件

1. 事件概述

食品安全问题一直是民生问题的重要一环。食品安全关系到每个人的身体健康，因此，食品安全问题极易牵动公众敏感的神经，引发舆论，成为热点舆情事件。如果食品安全危机事件不能得到及时妥善处理，可能会造成社会矛盾，甚至可能对整个社会的和谐稳定造成威胁。

2017 年 5 月 22 日下午，网友发布的一段蛋糕中洗出棉花的视频引起公众的广泛关注和转发。视频里，在昏暗的灯光下放着一张小桌子，桌子上摆着一碗清水和三个小包装肉松蛋糕。一位女子非常激动加气愤地说，她的朋友在一家蛋糕店买来的蛋糕，她吃了一口后发现不对劲，于是开始了她的实验。

该女子首先将蛋糕的真空包装塑料袋撕开，然后用手指将蛋糕上的"肉松"撕下来放到水中浸泡，并不断用手指揉搓"肉松"，使其充分浸泡，不一会儿水就变成了淡黄色，女子边揉搓边说："经过染色来的。"

随后，该女子又将"肉松"从水中捞出，将水分挤压干净，再用两只手撕开，说："看到没有，这全是棉花……这就是经过染色的肉松蛋糕。"

接下来，该女子又用打火机将手中的"肉松"点燃，说："一烧哧哧响，全部都是棉花。"一会儿，"肉松"被烧焦。

视频最后，该女子亮出肉松蛋糕的品牌，并劝诫广大观众不要再购买。

视频发出当天，就有大量网友转发讨论，表示不满。舆情爆发的当前，这家蛋糕店就被市民包围了。该地区食品药品监督管理局得知消息后，立即安排执法人员赶到现场检查。

5月26日上午，某省级出入境检验检疫局检验检疫技术中心出具检验报告。据该中心基因检测室主任介绍，经过检验人员检验，肉松样品质地均一，由单一纤维组成。检验人员还提取肉松里面的核酸物质DNA。经检验，提取出的DNA为鸡肉成分DNA，由此说明肉松样品是鸡肉，未检出棉花内源基因。

5月27日、28日，警方将视频制作者王某、黄某查获，两人对违法事实供认不讳，其行为已构成虚构事实、扰乱公共秩序，警方依法对两人行政拘留5日。原来5月22日上午，黄某在某蛋糕店购买肉松蛋糕等，到王某家串门，二人联想到网上看到的"棉花肉松"视频，便清洗蛋糕，用手机录制视频，随后发布到微信朋友圈，宣称该店销售的蛋糕中的肉松是棉花。广泛传播的视频引发多名群众与该蛋糕店发生消费纠纷，在社会上造成不良影响。经某省级出入境检验检疫局检验检疫技术中心检验，肉松蛋糕未检验出棉花基因。

国家食品药品监督管理总局（2018年3月撤销）的微信平台"中国食事药闻"对"棉花肉松"这类视频进行了辟谣：肉松和棉花二者成分不同，口感也存在很大差异，用棉花冒充肉松几乎不可能。肉松的本质是肌肉纤维，主要成分为蛋白质，放入嘴里一咬就会融化，口感松软。而棉花的本质是植物纤维，主要成分为纤维素，是一种不可溶的纤维，虽然看上去也很松软，但嚼不烂。也就是说，真用棉花冒充肉松，一吃就会被识破。相关专家还指出，视频中所使用的"火烧"鉴别法看似科学，其实也不靠谱。食物可以被点燃是一种普遍现象，因为其中含蛋白质、脂肪、碳水化合物等可燃物。肉松的主要成分是蛋白质，肯定能够被点燃，与头发可以被点燃是一个道理，而且还会有一股焦煳味。棉花的主要成分为纤维素，虽然可以点燃，但是不会出现焦煳味。

"棉花肉松"事件导致部分网民对食品安全质疑和担忧，甚至导致相关产品被退货、下架，给一些企业造成较大损失。

2. 大数据舆情分析

为了获取"棉花肉松"事件相关的舆情，我们将 2017 年 5 月 22 日至 2017 年 6 月 6 日的微博数据根据关键词"棉花""肉松""蛋糕"进行筛选，将包含这些关键词的微博提取出来，也就是与舆情事件相关的微博，然后通过程序收集事件微博讨论的用户标识符（UID），以便对舆情参与者进行分析。

通过关键词搜索，能够直接搜索出关于"棉花肉松"事件的完整报道。如：

@圆满是浮云—十月猫：[费解]同事也相信什么假鸡蛋什么假大米。还是那句话，饿死最快//@大明湖畔的大牛：反正就是要骗小朋友不吃蛋糕，呸//@ _冷冷里格楞_：讲真 现在棉花真的很贵//@生如鼠：前两天我妈还在问我肉松有没有可能用棉花代替我说这不是废话吗//@又又来了—：@大神说「被恶意诋毁是种怎样的体验？」

我们将发表两条或者两条以上关于"棉花肉松"事件的微博用户，或者发表一条或者一条以上的黄 V 用户视为积极参与者。积极参与者一共有 401 人，其中男性为 264 人，女性 137 人。在事件积极参与者中，未认证用户占 82.4%，黄 V 用户占 7.1%，政府用户占 6.1%，媒体用户占比 3.8%，学校用户占 0.1%，网站用户占 0.3%。

图 5-4 表示舆论最高峰出现在 5 月 31 日。为进一步关注热度的时间点变化，对 5 月 22 日至 6 月 6 日的舆论热度每 15 小时做一次监

测，可以看到 5 月 31 日网友的关注度达到峰值。

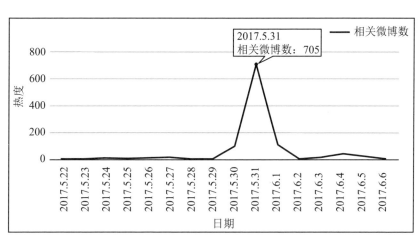

图 5-4　"棉花肉松"事件微博热度趋势图

　　情绪一直是影响个体行为的重要因素。了解公众情绪的波动，可以及时对公众的行为进行预警。对"棉花肉松"舆情事件数据分析可以看到快乐、愤怒、失望、忧郁、憎恶、难过和怀疑 7 类情绪的变化趋势(图5-5)。5 月 31 日以怀疑为主的情绪出现，这为线下群体事件的爆发埋下了隐患，于当天 19 时 100 余名群众汇集到这家蛋糕店门口，提出疑问，想求证事实。在 5 月 31 日社会情绪达到高峰，以 7 种情绪交织在一起，这也是基于官媒在 5 月 26 日公布了针对涉事蛋糕样本的检验报告，排除了肉松蛋糕中添加棉花的可能性，再一次激起了网民各种情绪的爆发，多种情绪的表现直到 6 月 5 日虚假视频编造者被依法追究责任才平息。

　　本研究结果证明，舆情事件的积极参与者对食品安全等话题的信息来源非常敏感。食品安全话题本身就有很强的传播性，同时又有视频作为载体，更容易引起互联网环境下的大范围讨论和关注。由于该话题与人们切身相关，导致大家产生了很强烈的不安全感，进而产生了失望、厌恶等负面情绪。

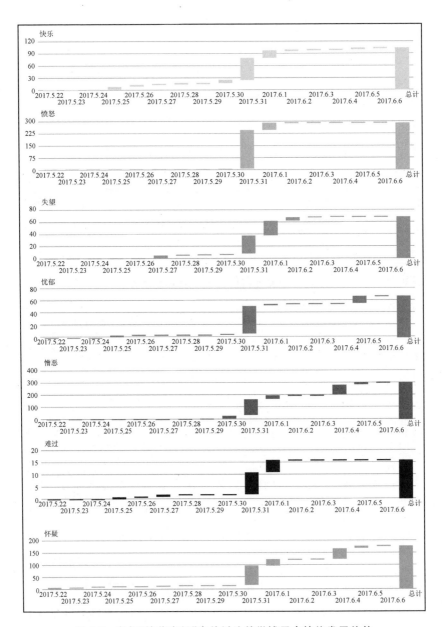

图 5-5　参与"棉花肉松"事件讨论的微博用户情绪发展趋势

3. 小结

通过对研究背景和研究现状的分析，我们可以看到，频繁发生的网络舆情事件可能带来的负面影响使舆情预警十分必要，而舆情预警需要对参与者的心理指标进行跟踪和预测。基于以上需求，我们需要解决如何从纷杂的网络数据中检测出舆情事件的问题。在舆情事件检测方面，我们根据微博用户情绪化显著的特点，将情绪分析方法与计算机的关键词动态查询扩展技术相结合。根据特定领域专家确定的特定领域关键词，基于词与微博的包含关系进行关键词扩展，并在每一轮扩展的同时对特定类别的情绪的微博进行过滤。研究结果显示，情绪分析的方法在很多方面都提高了舆情检测的准确性和有效性。

二、深入剖析社会新闻

(一)"天价虾"事件

1. 事件概述

2015 年 10 月 4 日，某城市人民广播电台交通频道爆料称，部分游客在该市的"某某家常菜"饭店就餐期间遇到"宰客事件"，菜单上原价 38 元一份的大虾，结账时却被告知大虾 38 元一只。

据悉，"被宰游客"是来自四川的肖先生和来自江苏的朱先生。肖先生和朱先生均是趁"十一"国庆黄金周期间陪同家人前往该地旅游的。他们在下榻的旅馆附近就餐。由于"某某家常菜"这家饭店人比较少，环境比较清净，所以就选择了该饭店。点餐时，两桌游客均向店家询问菜单上"蒜蓉大虾"这道菜是否是 38 元一份，并得到了老板肯定的答复，所以都点了这道菜和一些其他配菜。酒足饭饱，朱先生准备结账的时候，戏剧性的一幕发生了。饭店老板说"蒜蓉大虾"38 元一只，朱先生一桌共点了 40 只虾。这样算来，朱先生相当于共吃了 40 余道菜，总消费一千多元，随即朱先生和饭店老板因此事发生纠纷。此时在隔壁桌用餐的肖先生听到朱先生与店家的争执，询问店家得知自己这桌消费金额高达 1 338 元，肖先生感到非常疑惑，为什么如此简单的一道家常菜会这么贵，得到饭店老板相同的答复：肖先生所点大虾为 38 元一只。肖先生和朱先生质问饭店老板为何点餐时明明说是 38 元一份的"蒜蓉大虾"，现在买单却要求按一只 38 元的价格结账，此时店家才提醒在菜单中价目单下面有一行"以上海鲜单个计价"的字样。肖先生和朱先生意识到自己被饭店老板欺诈了，成为店家的"宰客对象"，在与店家交涉、理论无果后，只能选择报警。

　　警察来后很快就了解了相关情况，因为在此之前这家饭店也曾发生过两起价格纠纷案件，但是警察说这是价格纠纷的问题，他们并没有执法权，所以建议肖先生和朱先生找工商部门解决问题。然而新的问题又出现了。当时已经是晚上 9 点多，工商部门已经下班，值班人员又让找警察解决。一来二去，事情就这样僵持在这儿了。在双方争论期间，有部分围观游客曾劝说肖先生和朱先生及其家人离开，但是饭店老板威胁他们不按账单结账就不能离开。无奈之下，肖先生和朱先生只能再次报警，警察将双方带到所里调解，但是最后以肖先生和朱先生向店家支付高额的餐费为结局。

　　倘若是信息闭塞的时代，肖先生和朱先生只能忍气吞声、自认倒霉、不了了之。但是如今是信息社会，任何地方的奇闻逸事都可以通过网络快速传播。10 月 5 日，该城市交通广播对该事件进行报道的新闻引发热议，通过官方媒体、自媒体等平台迅速传播，其中尤以新浪微博讨论热度最高，该事件一夜之间成为舆论关注的焦点。该事件同样引起了当地物价局和工商部门的高度重视，两部门随即派人到该饭店现场调查取证。10 月 6 日下午，该市物价局已向该饭店老板下发了《行政处罚事先告知书》，以涉嫌欺诈消费者为由，处以 9 万元罚款。当天傍晚，该区宣传部通过微博发布消息，依据相关法律法规，对"某某家常菜"饭店做出行政处罚，并责令其整改。由于舆论等压力，该店于 6 日以"房租到期"为由关闭，并接受了行政处罚。随着事件的不断发酵以及相关事件细节逐渐清晰，10月7日该市人民政府新闻办公室通过微博发布消息，表示严厉谴责"天价虾"涉事饭店的宰客行为，同时针对广大消费者关心的相关消费市场开展监督检查，以防类似宰客事件再次发生。之后几日，肖先生和朱先生均接到该市物价局工作人员的道歉电话，并收到了当日在饭店所付多余餐费的退款。"天价虾"事件到此告一段落。回顾整个事件，为何一起景区宰客事件会引起如此轩然大波，甚至市长专门就此事件召开专题扩大会议，并向涉事游客道歉，原因在于这看似平常的价格纠纷，背后是广大网友及社会舆论的推波助澜。我们可以从网友的主要活动阵地及各方爆料平台——新浪微博——看到"天价虾"事件背后的力量。

从10月5日至12日，微博上关于"天价虾"事件的讨论由小风小浪到狂风巨浪，再到慢慢平息。我们对相关微博进行了话题分析，结果发现，在事件爆发后的第1~2天，微博话题主要集中在对事件本身的讨论上。然而事件并没有就此平息。由于事件发生初期，相关职能部门未重视该事，初期的处理方案有失公理，公众对处置结果不认同、不满意，所以舆论不断扩大影响范围。第3天之后，大部分的微博内容是由"天价虾"衍生出的调侃段子以及旅游宰客的同类事件，已经不再是对"天价虾"事件本身的讨论了。网友以编发段子的方式调侃不同地方旅游宰客的现象，借此来表达对宰客现象的不满。经过几天的酝酿发酵，该事件逐渐达到高潮。由于该事件舆论压力大，影响范围广，舆论导向对城市旅游业造成打击等原因，该市各级政府及部门高度重视，积极处理，督促相关部门要切实保护消费者合法权益，努力维护城市旅游形象，希望尽快将"天价虾"事件带来的负面影响及损失降到最低。

2. 大数据舆情分析

微博平台的影响力是巨大的，它能够及时全面反映当前社会热点和舆论焦点，所以我们通过分析微博数据就可以对各舆论事件有很好的判断。对"天价虾"事件的研究，我们以事发当天及之后数日的微博数据为基础展开。我们首先要做的就是从错综复杂的数据信息中屏蔽掉与舆情无关的内容，准确有效地检测出"天价虾"事件的相关微博。

　　传统方法是根据以往事件或常识确定关键词来检索舆论事件，由于微博内容的复杂性，检索出来的信息很多是无用的、冗余的，甚至是相反的。并且中国文化博大精深，不同的文字可以表达相同的意思，相同的文字也可以表达不同的含义，这样就使得单纯靠固定关键词检索出来的信息使用价值很低。在"天价虾"事件中，我们选定的初始关键词是"大虾"，随后得到了五花八门的检索结果，包含美食大虾、出海捕虾、销售鲜虾等信息，没有任何规律，所含信息量很少。那么如何提高检索的效率和准确度呢？

　　我们使用第二章介绍的 DQE 技术，动态扩展得到的关键词是：失望、方式、处理、打电话、警方、屈辱、非法所得、退还、责令、公安、涉事、工商局、只、一个、38、变成。这些词中有很多与监管处置相关，可见对最初监管处置的不满是舆论的爆发点。扩展词中还包含关于价格的词汇，可见价格的变化是该事件的吐槽点。由此检索出来的信息可以比较准确地反映"天价虾"舆论事件。

　　针对"天价虾"事件，要想获知公众在"天价虾"爆料开始，到关于价格纠纷事件本身的讨论，再到衍生出的调侃段子和类似事件的披露，到最后舆论慢慢平息，这样整个舆论变化过程中的社会心态变化，首先需要进行数学建模。我们需要建立一个不仅适用于"天价虾"舆论事件的社会心态感知，还要适用于各种舆论事件的社会心态感知的模型。我们需要使用机器学习中的监督学习，即给计算机提供的数据不仅包括输入数据，也包括想要得到的结果数据。也就是说，在监督学习的过程中，输入和输出量都是确定已知的，只需要计算机程序训练得到指定结果即可。这个过程是训练模型不断完善的过程，训练数据越多，模型的拟合程度越好。

我们通过微博特征数据和问卷调查结果训练得到的模型来分析"天价虾"舆情事件发生期间公众的社会态度特征。

在检测出"天价虾"舆情后，我们根据检测出的微博选出符合要求的用户，并下载该用户微博信息，提取相关特征信息。由微博用户行为特征中的个人基本信息得到该事件参与用户的比例。

在该事件的参与用户中，未认证用户占 88.3%，其次是黄 V 用户占 9.7%，媒体用户 0.9%、企业用户 0.6%、政府用户占 0.2%、网站用户及其他用户占 0.3%。这种比例关系和新浪微博平台整体用户数量的比例关系是一致的。一方面说明，该事件引起了各领域的广泛关注，舆论影响范围比较广泛；另一方面说明，舆论的主体依然是广大网民用户，虽然广大普通用户可能不是舆论的导向者，却是舆论事件发酵膨胀的主要贡献者。

将"天价虾"事件中选出的微博用户数据导入已经通过机器学习训练好的公众社会态度分析模型，程序分析得到不同类别用户的十四维社会态度。主要用户为普通用户和黄 V 用户，其十四维社会态度分析结果如图 5-6 所示。

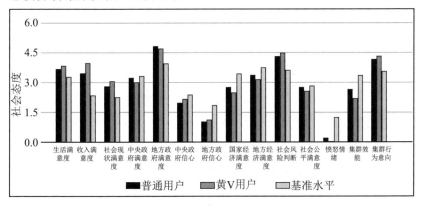

图 5-6 参与"天价虾"事件讨论的微博用户的社会态度

黄 V 用户一般经济基础良好，具有较高收入，所以在该"天价虾"事件的社会态度分析中，在生活满意度、收入满意度、社会现状满意度方面均高于普通用户，但是他们在中央政府满意度、地方政府满意度、国家经济满意度、地方经济满意度、社会公平满意度方面要低于普通用户。黄 V 用户更能看到该事件的实质，发表独到的见解，理智地看待问题，所以愤怒情绪要远低于普通用户。另外，普通用户和黄 V 用户在地方政府信心指标上都明显低于基准水平，说明该事件让公众对当地政府产生不信任。这与相关部门初期处理方法不当有关，也证实"天价虾"事件对城市的形象造成了不良影响。

网络信息传播具有及时快捷的特点，对于食品卫生、公共安全、教育医疗等公众关心的领域，很容易引起网民的围观，经过网络的放大作用快速成为舆论的焦点，倘若有关部门没有及时出台相应措施或者处置不当，这些问题甚至会快速发酵为一起恶性舆论事件。所以网络舆情预警具有重要意义，它能够帮助政府机构提前了解民情民意，提前对当前事件的舆情有一定把控，为事件的及时处理提供参考，有效避免恶性舆情事件发生。

由于微博的特点，在网络舆情预警方面，我们依然使用微博数据为底层支撑。在此需要提前声明的一点是网络舆情预警和微博热搜榜的区别。微博用户都知道新浪微博在搜索界面有一个热搜排行榜，榜单上是当前最热门、最火爆、关注度最高的事件，热搜榜几乎成为舆情事件的指标，几乎所有的重大舆情事件都曾在某个时间段出现在热搜榜前排。但是热搜榜和网络舆情预警有一个重要的区别：热搜榜只是将当前舆情事件按照舆论热度、关注度由高到低排名，是对已发生事件的整理统计，只是反映舆情，对舆情的发展方向是未知的，也无法干预事件的发展。由于商业运作的关系，常常有为了提高事件关注度而买热搜榜排名的行为。网络舆情预警的目的则是根据当前舆情状况，考虑舆情下一步发展趋势，做出科学合理的预测，判断舆情是会就此慢慢平息以至于少有人问津，还是会继续发酵需要尽快干预处置。所以舆情预警相比微博热搜具有更大的价值。

　　网络舆情预警涉及心理学、统计学、社会学、传播学等多个领域。一方面，我们需要根据上节提出的公众社会态度感知技术得到舆情参与者社会态度分析结果，从中提取出一系列与舆情下一步发展有关的指标集合。另一方面，我们要根据舆情案例库中真实舆情事件提取一系列特征。舆情案例库中的事件都是曾经真实发生过的，这些事件的整体发展过程和最终结果都是已知确定的。将提取到的特征通过机器学习的相关算法训练，经过大量数据训练，得到的模型能够准确有效地对网络舆情的发展趋势进行预测，从而实现舆情预警。

　　我们统计了"天价虾"事件期间相关微博的数量，并按照时间绘制了事件热度趋势图，如图 5-7 所示。

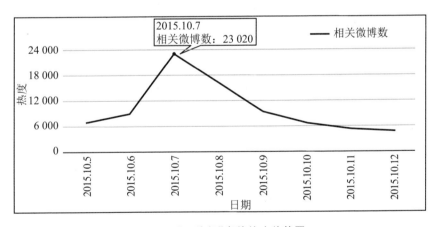

图 5-7　"天价虾"事件热度趋势图

　　由"天价虾"事件热度趋势图可以看出，10 月 5 日事件爆料后仅有少部分网络用户围观，在 10 月 6 日之后围观的网络用户激增，舆情急剧发酵，影响范围也迅速扩大，在 10 月 7 日达到舆论的顶峰。

其间，公众的焦点主要集中在"天价虾"事件本身，并且在该事件发生初期，相关部门处理不当引起公众的不满，导致 10 月 7 日舆情发展达到高峰。之后随着更多部门的介入，事件处置恰当，问题得到有效的解决，舆情才缓慢回落。但是"天价虾"事件并没有快速平静下来，而是将舆论的阵地转移到了"天价虾"衍生的段子和相关景区宰客事件上，导致 10 月 8 日的舆情热度依然保持较高的水平。随着网络用户的调侃，公众的情绪也慢慢缓和下来，围观的网络用户也慢慢散去。10 月 9 日之后，"天价虾"事件的舆情基本恢复平静。

我们通过舆情案例库中大量舆情事件训练得到的舆情预警模型来预测"天价虾"事件舆情发展情况。我们将提取的"天价虾"事件初期的规模、情绪值、社会态度等指标输入舆情预警模型，得到的结论是，该事件在爆料初期并不会快速发酵，而是在 10 月 8 日至 9日，舆情达到最高点，之后舆情将慢慢平息下来。我们将"天价虾"事件的舆情按照等级分类，级数越高表示舆情越严重。该事件的真实情况是 10 月 7 日至 8 日舆情较为严重，为 3 级舆情，10 月 6 日、9 日至 10 日舆情较为缓和，为 2 级舆情。事件舆情预警给出的结果是 10 月 8 日至 9 日舆情较为严重，为 3 级舆情，其余时间为 2 级舆情。该事件舆情真实情况和舆情预警情况的对比结果如图 5-8 所示。

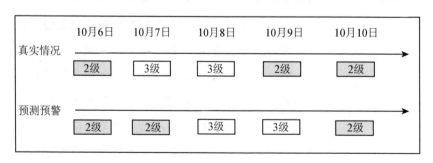

图 5-8　"天价虾"事件舆情真实情况和预警结果对比

如图 5-8 所示，舆情预警模型给出的预警结果比事件真实发展情况的舆情高潮晚一天，原因就在于相关部门在事件初期处理不当，急剧加快了舆情的发酵，导致一时间舆情非常混乱，各种声音交织在一起，不仅有关于大虾价格的戏剧性变化，也有关于工商部门对消费者的态度和对价格纠纷处理的吐槽和不满。初期的处理不当是一个偶然事件，使舆论高峰相比于正常的舆情预警提前到来。但是舆情预警结果中事件整体发展状况以及舆情级别等关键部分均与事件真实发展状况相一致。这表明舆情预警结果是符合要求的，能适用于现实舆情事件的预测，具有一定的参考价值。

3. 小结

2015 年 10 月 4 日至 12 日，"天价虾"事件在这段时间里经历了如下几个阶段：价格纠纷的发生，"宰客"事件的爆出，相关部门初期处置不当，公众对初期处置的不满，舆情的扩大，政府部门的积极应对，事件的逐步平息。为了探究剖析舆情事件背后隐含的客观事实和普遍规律，并总结出一套有效的舆情预警方法，为今后重要的舆情事件发展预测提供有力的支撑，我们对"天价虾"事件就三方面做了详细的分析研究，包括舆情事件的检测、公众社会态度的识别和网络舆情下一步发展趋势的预警。

在"天价虾"事件中，公众对事件如何被处置高度关注，每次政府相关部门发布和回应的内容都会引发网友的热议，尤其在初期处置不当时直接将舆情推向了高峰。由此看来，政府相关部门对事件的处置会对社会舆论的规模和舆论的走向造成很大影响。政府管理部门要高度重视新媒体的作用，增强危机意识，随着公众参与社会管理的意愿逐渐增强，网络舆情往往一触即发。另外，管理部门要进一步加强和完善网络舆情的监测、研判和预警机制，定期分析公众社会态度的变化，了解公众的生活满意度、对各级政府工作的满意度等，以便及早发现社会中的不安定因素。政府通过网络舆情预警技术提前对舆论的发展规模和方向有一定的把控，出台相应的措施和方案，缓解舆论压力，引导舆论发展方向，避免事态扩大、恶化以及恶性舆论事件的发生。

(二)魏某某医疗事件

1. 事件概述

2016 年 5 月 1 日，一篇关于魏某某的微信文章刷爆朋友圈。文章称，大学生魏某某在两年前的体检中检出滑膜肉瘤晚期，通过某搜索平台找到某医院，花费将近 20 万元医药费后，仍不治身亡。

魏某某医疗事件暴露在公众面前，最早始于某网络问答社区。2016 年 2 月 26 日，网友魏某某回答了该问答社区下网友提出的调查类问题："你认为人性最大的恶是什么?"魏某某在该问题下编辑的答案引来了大量网友关注，赞同量达到 6.9 万，上万网友在该条回答下评论回复。

魏某某的发言大致介绍了自己生病求医的经历。

2014 年体检得知罹患滑膜肉瘤后，魏某某父母先后带着魏某某前往北京、上海、天津和广州多地进行求诊，但最后均被告知希望不大。走投无路后，魏某某称通过某搜索平台和某电视媒体平台得知了某医院，魏某某父母先行前往考察，并被该医院李姓医生告知可治疗，于是魏某某开始了在该医院先后 4 次的治疗，但最后仍不治身亡。魏某某去世后，医疗机构、医疗监管体制问题及某搜索平台、电视媒体被推上风口浪尖。同时，医患关系也是社会大众一直关注的社会问题，魏某某事件本身含竞价排名的邪恶与医患关系的敏感两个因素，触及了社会大众一直以来的关注痛点，因此得到了广泛关注。

通过对讨论该话题的微博进行情绪分析，发现消极情绪占据主导位置，4 月 30 日到 5 月 3 日网民的消极情绪主要为憎恶、难过。

2. 大数据舆情分析

2016 年 5 月 2 日上午 10 点左右，"魏某某医疗事件"的网络舆情达到曝光量峰值，我们通过新浪微博公共接口获取了参与"魏某某医疗事件"话题的用户微博，并根据微博影响力对这些用户进行分类，分为普通用户和黄 V 用户。结果显示，2016 年 4 月 28 日至 5 月 16 日，关于"魏某某医疗事件"话题的微博数量多达 25 416 条，在 2016 年 5 月 2 日单日相关微博数达到 6 013 条(图 5-9)。参与用户比例为：未认证用户占 93.8%，黄 V 用户占 5.0%，企业用户占 0.4%，媒体用户占 0.3%，政府用户占 0.3%，网站用户及其他用户占 0.2%。

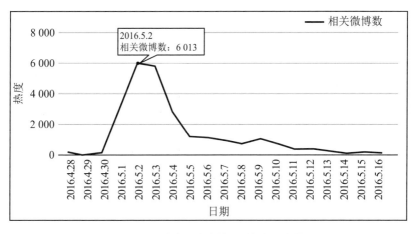

图 5-9 "魏某某医疗事件"微博热度趋势图

运用生态化的公众社会态度感知技术，我们对 2016 年 4 月 28 日至 5 月 16 日"魏某某医疗事件"相关微博进行了话题分析，计算了参与讨论"魏某某医疗事件"的用户的社会态度(十四维社会态度指标)。

分析结果显示，相较于基线水平来说，在所有参与"魏某某医疗事件"相关话题的微博用户当中，黄 V 用户相较于普通用户，对生活和收入更加满意，对中央和地方政府更有信心，愤怒情绪较少，社会风险判断较高，集群行为意向也较强；但普通用户对中央及地方政府信心不足，对国家及地方经济不太满意，具有较低的集群效能，认为中央和地方政府还存在些许需要改进的地方，社会应该提高公平性（图 5-10）。

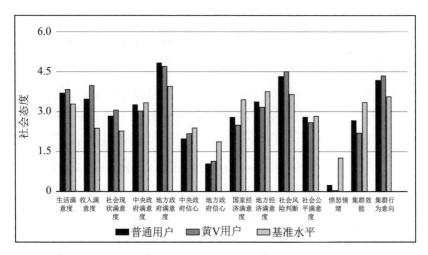

图 5-10　参与"魏某某医疗事件"讨论的微博用户的社会态度

随着网络舆论的发酵，事件参与者的情绪在不断发生变化，我们主要通过愤怒、失望、忧郁、憎恶、难过、怀疑这 6 个情绪指标进行分析。数据显示，参与医疗话题讨论群体的情绪以难过和憎恶为主，也包含其他负性情绪（图 5-11）。

愤怒：在事件发生的前 4 天内呈上升趋势，并在事件曝光峰值的前一天达到情绪峰值，在事件曝光的第 5 天时骤减，又在随后的第 5～9 天内缓慢上升，随后呈总体下降趋势。在舆情曝光的 19 天内，愤怒情绪主要在事件发生的第 3、4、6、9、10、17 天时得以体现。在整个事件中，愤怒情绪在前 4 天内呈上升趋势，在第 4 天时达到峰值，随后呈总体下降趋势。

失望：在事件发生的前 4 天内呈上升趋势，并在事件曝光峰值的前一天达到情绪峰值，在事件曝光的第 5 天时骤减，又在随后的第 5～9 天内缓慢上升，随后呈总体下降趋势。在舆情曝光的 19 天内，失望情绪主要在事件发生的第 3、4、6、9、10 天时得以体现。

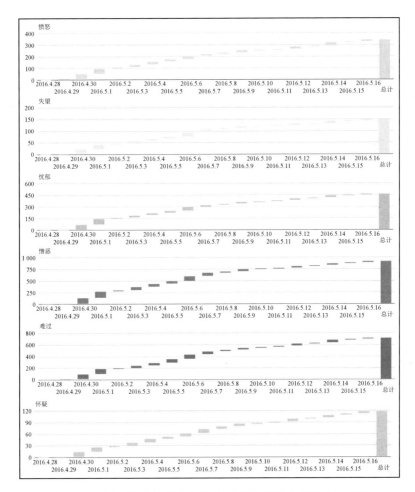

图 5-11　参与"魏某某医疗事件"讨论的微博用户情绪发展趋势

在整个事件中，失望情绪在前 4 天内呈上升趋势，在第 4 天时达到峰值，随后呈总体下降趋势。

忧郁：在事件发生的前 4 天内呈上升趋势，并在事件曝光峰值的前一天达到情绪峰值。在事件曝光的第 5 天时骤减，又在随后的第 5～9 天内缓慢上升，随后呈总体下降趋势。在舆情曝光的 19 天内，忧郁情绪主要在事件发生的第 3、4、9、17 天时得以体现。在整个事件中，忧郁情绪在前 4 天内呈上升趋势，在第 4 天时达到峰值，随后呈总体下降趋势。

憎恶：在事件发生的前 4 天内呈上升趋势，并在事件曝光峰值的前一天达到情绪峰值，在事件曝光的第 5 天时骤减，又在随后的第 5～9 天内缓慢上升，随后呈总体下降趋势。在舆情曝光的 19 天内，憎恶情绪主要在事件发生的第 3、4、6、9、10、17 天时得以体现。在整个事件中，憎恶情绪在前 4 天内呈上升趋势，在第 4 天时达到峰值，随后呈总体下降趋势。

难过：在事件发生的前 4 天内呈上升趋势，并在事件曝光峰值的前一天达到情绪峰值，在事件曝光的第 5 天时骤减，又在随后的第 5～9 天内缓慢上升，随后呈总体下降趋势。在舆情曝光的 19 天内，难过情绪主要在事件发生的第 3、4、8、9、10、15、17 天时得以体现。在整个事件中，难过情绪在前 4 天内呈上升趋势，在第 4 天时达到峰值，随后呈总体下降趋势。

怀疑：在事情发生的前 3 天内呈上升趋势，并在事件曝光峰值的前 2 天时达到情绪峰值，在事件曝光的第 5 天时骤减，又在随后的第 5～10 天内缓慢上升，随后呈总体下降趋势。在舆情曝光的 19 天内，怀疑情绪主要在事件发生的第 3、4、6、7、9、10、11、15、17 天时得以体现。在整个事件中，怀疑情绪在前 3 天内呈上升趋势，在第 3 天时达到峰值，随后呈总体下降趋势。

3. 小结

在此次事件中，我们利用微博这一海量数据平台分析了民众在此次事件中的态度和情绪，从民众的态度和情绪中分析，网民关注的核心问题是事件本身和政府部门的处理方式。较优的处理方式是有关部门及时反应，尽快疏导群众情绪，防止舆情升级。

三、纵观国际风云影响

（一）东京奥运会事件

1. 事件背景

东京奥运会指第 32 届夏季奥林匹克运动会。2020 年 3 月，受全球大流行的新冠肺炎疫情的影响，国际奥委会与东京奥组委不得不发布联合声明，推迟东京奥运会举办时间。

延期一年的东京奥运会于 2021 年 7 月 23 日正式开幕。在长达一年的等待中，不论是东京奥运会自身，还是国内外民众心态，都已发生显著的变化。如今，新冠肺炎病毒依旧全球肆虐，而作为奥运史上首次在疫情之下举办的奥运会，东京奥运会已不单单是一场重要的全球体育盛会，更扮演着疫后振奋人心、推进各国团结的重要角色。

奥运会作为全球最盛大的体育赛事，它的一切动向都受到各方广泛且高度的关注，特别是 2020 年新冠肺炎疫情在全球大流行，世界也亟须通过一场吸引全球目光的体育盛会来振奋人心。

但东京奥运会的顺利举办并不容易。日本共同社 7 月 23 日报道，在东京奥运会举行开幕式之际，东京就有不少民众抗议、反对举办东京奥运会。《朝日新闻》在 19 日发布的民调显示，55％的受访者反对举办东京奥运会。面对日本乃至全球民众的种种不安，日本政府实际上也采取了不少应对措施。例如，要求外国运动员入境必须接受隔离，且严格限制移动；奥运会期间，在首都圈实施交通管制，但也确保奥运会相关人员的安全通行；要求外国媒体、运动员、教练等定期接受核酸检测等。因此，为了东京奥运会的顺利与安全举办，各国政府、教练和运动员都付出了很大精力和努力，在这种特殊情况下，这一场体育盛事也被赋予更重要的意义和价值。

2. 事件影响规模

东京奥运会可以说是新冠肺炎疫情发生以来全球首个大型体育活动。东京奥运会开幕以来，体育话题热度急剧增长，由此也带来了社交媒体平台，特别是微博上数以亿计的热度讨论。

根据微博数据发现，仅仅在开幕式前后 4 小时内，64 个开幕式话题登上热搜，开幕式相关话题总阅读量达 14.5 亿。尤其是对于中国体育代表团的亮相，网友反应热烈，评价积极，多个相关话题占据微博热搜。例如，话题"东京奥运开幕式"和"中国代表团登场"相继登顶微博热搜榜，总阅读数量先后超过 33 亿。中国体育代表团入场相关内容引起广泛关注和热议。具有代表性的留言——"等中国代表团出场值了""没有现场观众，但在手机和电视机前，有 14 亿中国人为你们加油"——表达了全国人民对中国体育健儿的肯定和期待。

7 月 24 日伴随着赛程的全面开始，相关微博热度更上一层楼。例如，在中国射击运动员杨倩斩获中国代表团奥运首金后，相关话题阅读量、访问量、评论量短时间内显著增长，并引发网友用户广泛转发互动。"中国首金""杨倩夺冠"等相关话题讨论热烈。与此同时，在频繁互动与交流中，更多运动员的相关资料被发掘整理，杨倩夺冠后比心的可爱画风，配合"清华学霸奥运冠军"，形成了话题传播的二次叠加效应，进一步让热度提升。

同时，在东京奥运会期间，官方媒体在舆情引导和信息传播方面做出了很大贡献。例如，《人民日报》8 月 2 日发布微博（图 5-12），呼吁广大网民在东京奥运会期间，在微博上晒出自己的观赛时刻，分享奥运故事、创意和心情。此类互动话题使东京奥运会的热度再次得到提升。

广大网民在畅所欲言中，抒发着自己对体育的理解，同时大量与话题相关的用户行为和文本数据为舆情分析提供了良好的数据基础，感知中国网民社会心态和情绪变化趋势，为社会舆情预警和排查不安定因素提供了有利抓手。

人民日报
2021/08/02 23:02

东京奥运会期间，带话题#我的奥运时间#发博，晒出你的观赛时刻，分享你的奥运故事、创
意、心情……具体互动形式↓↓↓↓@人民日报 会与优质内容进行互动，100台华为P40 Pro+手机
等你来拿！中国队，加油！

图5-12 《人民日报》官媒微博内容

3. 大数据舆情分析

7月23日，东京奥运会开幕式正式举办，这场吸引全球目光的盛大活动引起了中国网民的火热讨论。网民主要围绕"比赛""冠军""运动员"等关键词发表言论，通过发表微博、点赞、评论、转发等网络行为表达个人态度，抒发爱国情感。

通过抓取2021年7月10日至8月10日期间讨论该话题的微博数据，分析微博讨论的用户标识符（UID），我们发现，该事件的微博参与者共61 169名，其中未认证用户占93.7%，黄V用户占4.5%，政府用户占0.5%，企业用户占0.5%、媒体用户占0.6%，网站用户及其他用户占0.2%。

开幕式当天，参与该事件的微博认证用户数量持续增长，尽管普通用户持续参与讨论，黄V用户基于已有粉丝群体扩大事件热度，但由于东京奥运会铺垫已久，且闭幕式终将为此次盛会画上圆满句号，故而可以推测该事件舆情影响可能不会继续扩大。

在东京奥运会召开期间，我们用当前讨论该事件微博的热度作为特征来表示该事件的规模，热度即包括发微博和其他的微博参与行为，如点赞、评论、转发。图5-13表示舆论爆发的时间节点为7月23日，当日热度对比前一天增长了约600%。

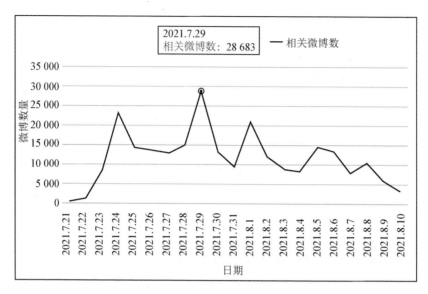

图 5-13 "东京奥运会事件"微博热度趋势图

东京奥运会开幕后第 1 天(7 月 24 日),东京奥运会的微博热度到达第一个高峰。这一天作为开幕后首个比赛日,在射击女子 10 米气步枪决赛中,中国队 21 岁选手杨倩以 251.8 环的成绩夺冠,同时创造了新的奥运会纪录,这是中国体育代表团在东京奥运会的首金,也是东京奥运会产生的首枚金牌。事件发生后,杨倩吸引了大量粉丝,得到了大量网民的赞美和高度评价。

在东京奥运会开幕后的第 6 天(7 月 29 日),微博热度达到第二个高峰,也是该事件峰值。7 月 29 日,乒乓球男、女单打的半决赛将全部结束,其中孙颖莎、伊藤美诚之战无疑是大家关注的焦点,虽然前者最近已多次压制对手,但后者在混双比赛中夺得了奥运金牌,双方势均力敌。但最终孙颖莎顶住了压力,以 4∶0 完胜被视为国乒女单头号劲敌的伊藤美诚,极大鼓舞了中国网民的爱国热情。

在东京奥运会开幕后的第 9 天(8 月 1 日),东京奥运会的微博热度达到第三个高峰。这一天,在东京奥运会田径男子 100 米半决赛中，中国选手苏炳添以 9 秒 83 的成绩打破亚洲纪录，在所有晋级决赛的选手中排名第一，成为中国首位进入奥运会男子 100 米决赛的运动员。该事件同样在微博引起网民的热烈讨论。

在东京奥运会开幕后的第 13 天(8 月 5 日)，东京奥运会的微博热度达到第四个高峰。东京奥运会女子 10 米跳台跳水决赛，年仅14 岁的全红婵在比赛中三次跳出满分动作，最终以总分 466.20 分摘得桂冠，创造历史最高分(此前的奥运会最高分纪录是 447.70 分)。消息传出后，全红婵传奇的个人事迹(14 岁、第一次出国比赛、奥运跳水比赛历史最高分、本届中国代表团年龄最小的奥运冠军)传遍网络，引起了网民的充分关注。

8 月 8 日这一天迎来了东京奥运会闭幕式。数据显示，这一天是东京奥运会微博热度的最后一个高峰，从 8 月 8 日以后，网民对东京奥运会的兴趣度和关注度开始下降。

用户通过微博表达自己的感情态度，因此，监测舆情事件引起的用户情感变化对进一步监测舆情发展有十分重要的意义。通过图 5-14 可以对比事件爆发前后的微博参与者情绪变化情况。在东京奥运会开幕式之后的第 1 天(7 月 24 日)，快乐、忧郁、憎恶、怀疑四个不同维度上的表现均变得更加明显，其中快乐情绪上升趋势最为显著，说明国人对东京奥运会的总体情绪趋向积极态度，对奥运赛程充满期待。在东京奥运会开幕式之后的第 6 天(7 月 29 日)，快乐、忧郁、憎恶三个维度上的表现变得更加明显，其中快乐情绪仍旧为上升趋势最为显著的维度，这说明在当日赛程中，中国奥运健儿的表现在较大程度上激发了国人的民族荣誉感，网民纷纷在微博上抒发爱国情感。

值得注意的是，在东京奥运会开幕后的第 12 天(8 月 4 日)，网民的怀疑情绪显著上升。当天女篮 1/4 决赛中，中国队以 70∶77 不敌塞尔维亚队，遗憾未能再进一步，最终止步八强；在田径男子

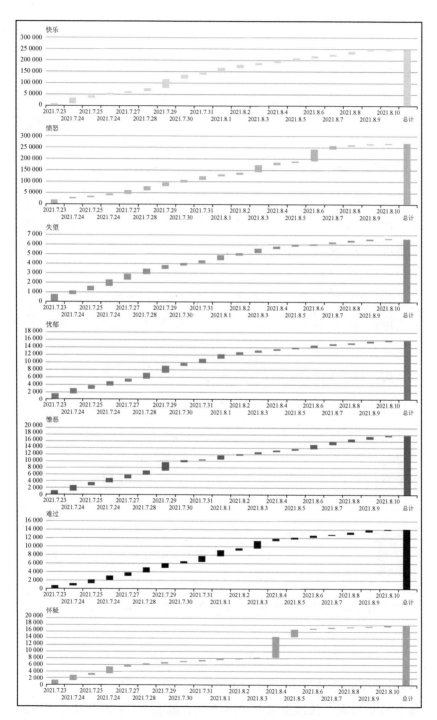

图 5-14　参与"东京奥运会事件"讨论的微博用户情绪发展趋势

110 米栏半决赛中，中国运动员谢文骏跑出 13 秒 58 的成绩，未能进入决赛；当天中国代表团虽然仅取得一枚银牌，但依旧以 32 金22 银 16 铜的成绩，继续稳居金牌榜第一。尽管当天网民的怀疑情绪大幅上升，但并未发现更负面的舆情发展态势。

通过社会态度预测模型，我们计算了参与东京奥运会讨论的微博用户的社会态度。图 5-15 为普通用户和黄 V 用户的各项社会态度指标情况。

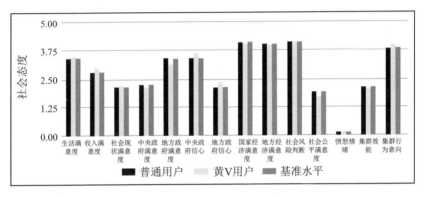

图 5-15　参与"东京奥运会事件"讨论的微博用户的社会态度

通过分析可以发现黄 V 用户和普通用户在社会态度方面有一定程度的不同。黄 V 用户平均受教育程度更高，对生活满意度、收入满意度、社会现状满意度都要高于普通用户，对中央政府、地方政府也更有信心，集群行为意向普遍高于普通用户；但对中央政府、地方政府满意度则要低于普通用户，社会公平方面满意度和集群效能不如普通用户水平高，同时对国家经济满意度、地方经济满意度也低于普通用户。在社会风险判断方面，普通用户和黄 V 用户并无显著差异。两类用户的愤怒情绪也未表现出明显的区别。该结果表明，东京奥运会事件中的积极传播者具有以下特征：普遍收入较高，对目前的生活状态比较满意，对中央政府和地方政府不太满意，但很有信心，对于国家经济和地方经济不太满意，集群效能较低，但集群行为意向高，对社会公平有些质疑，社会风险判断意识一般，愤怒情绪并不十分明显。

网民面对舆情事件时，更容易受黄 V 用户言论影响和引导。例如，当中国体操运动员芦玉菲出现失误，重重一摔后站起来第一句话却说："我可以再翻吗?"黄 V 用户纷纷转发并表示关心，这种善意的力量很快得到广大普通用户的支持并进一步扩大，形成了良好的舆情发展趋势。通过分析民众的情绪变化和社会态度指标变化，进行民众尤其是黄 V 用户用户的心态预测，可以让我们及时捕捉到新一轮网络舆情的产生，对控制舆论走向及正能量的传播有一定的积极意义，对维护社会稳定、控制社会风险有着十分重要的作用。

3. 小结

今天的中国日益强大，中国人民的民族自豪感也普遍得到了提升，所以在奥运会进行时，网民的情绪反馈非常迅速且强烈。东京奥运会自从 7 月 23 日开幕后，各大媒体纷纷报道赛果、赛况，在微博上引起了火热的讨论。我们通过分析东京奥运会进行时的网络舆情热度，足可以了解广大网民的情绪反馈和态度倾向，发现网民通过发布原创微博、转发、点赞、评论等方式抒发自己的爱国情感，为中国奥运健儿加油喝彩。

由于互联网的传播速度远远超越传统媒体，受众面也已经远远大于传统媒体所能覆盖的面积。在热点事件上，利用微博大数据的分析方法具有传统的量表测试所无法比拟的时效性与广泛性，弥补了传统测量手段的部分缺陷，在一定程度上增强了其准确性与可信度。在东京奥运会事件中，我们通过微博上获取的海量数据，从用户情绪和社会态度两个角度分析了用户对东京奥运会期间各项事件发生时所持有的看法。通过分析，我们可以更加深入地了解到普通群众对不同事件所持有的情绪变化，也再次剖析了群众社会态度的转变，通过分析社会满意度、政府满意度等指标，间接测量了社会稳定指标，这对排查社会不安定因素具有重要意义。

同时，面对当今越来越复杂的网络环境，我们建议当舆论事件发生后，有关部门应及时关注舆情走向，了解民众的情绪变化，把控舆情走向，针对民众负向情绪的表达，组织黄 V 用户等关键意见领袖进行积极态度和情绪方面的引导，这样不仅可以减少群众的负面情绪，防止出现恶性言论，同时有助于舆情消退，也更能加强国人的团结。

（二）英国脱欧公投事件

时任英国首相卡梅伦在 2016 年欧盟春季峰会召开之前高调重提脱欧，并在峰会之后的 2 月 20 日宣布将在 6 月 23 日举行脱欧公投。6 月 24 日，英国脱欧公投最终结果出炉，脱欧派以 51.9％的微弱优势取得胜利，英国最终脱离欧盟。

中国民众更为关注的是英国脱欧事件带来的英镑贬值影响。英镑贬值，造成人民币离岸汇率增值。在政府政策不变的情况下，有利于中国商人抢占英国市场。此外，还可激起中国民众海外置业的热潮、英国留学热潮等。

1. 事件概述

2016 年 6 月 24 日，沸沸扬扬的英国脱欧公投事件使英国彻底与欧盟"分道扬镳"，也结束了英国和欧盟 40 余年"貌合神离"的历史。长期以来，传统的英国人对欧盟缺乏认同感，他们认为在欧洲一体化的过程中经济及社会发展反而受到了影响，一些社会负面现象，如难民、恐怖袭击等反而有增加的趋势。

上述原因都是造成本次脱欧公投的重要因素。24 日上午，当外汇市场看到"脱欧"选票数量明显领先时，英镑兑美元的汇率大幅度下跌。当天收盘时汇率报收于 1.367 8，和前一日相比，英镑创下了

8.1％的历史最高纪录。与此同时，大多数非美元货币（欧元、新加坡元等）也出现了明显下跌；国债价格显著走高，同时收益率走低。可见英国脱欧如同故事中的潘多拉打开魔盒——国际外汇市场及金融环境不确定程度显著提高，金融风险明显增加。该事件造成外汇市场避险情绪回升，投资者短期套利行为引发全球外汇市场的剧烈震荡。

　　2. 大数据舆情分析

　　中科院心理所计算网络心理实验室研究团队通过对 110 万微博活跃用户数据的分析，对微博数据使用动态查询扩展的算法扩展出与英国脱欧公投事件相关的关键词如下：脱欧、公投、英国、欧盟、新闻、欧派、退欧、♯英国脱欧公投♯、欧盟、议会、请愿、民众、举行、苏格兰、投票率、汇率、内阁等。

　　基于上述关键词检测结果，对从 2016 年 6 月 13 日到 28 日的微博进行分析。舆论热度趋势如图 5-16 所示。

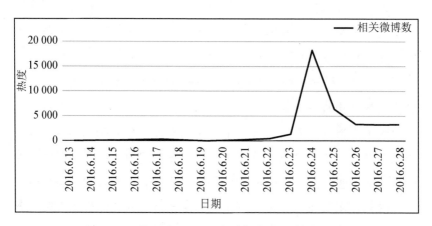

图 5-16　"英国脱欧公投"事件微博舆论热度趋势图

　　根据微博影响力对参与话题讨论的用户进行分类，其中未认证用户所占比例为 93.5％，黄 V 用户所占比例为 4.8％，企业用户所占比例为 0.6％，媒体用户所占比例为 0.5％，政府用户所占比例为

0.3％，网站用户及其他用户所占比例为 0.3％。

以英国脱欧公投舆情事件传播者微博数据为样本基础，运用大数据抽样和针对性数据进行数据挖掘和发展分析，呈现出微博传播者的社会心态。其中，普通用户代表参与该舆情事件的非认证微博用户，黄 V 用户代表参与该舆情事件的认证微博用户，基准水平为未参与该事件的普通用户。主要通过黄 V 用户认证用户与普通用户进行对比，在生活满意度、收入满意度、社会现状满意度、中央政府满意度、地方政府满意度、中央政府信心、地方政府信心、国家经济满意度、地方经济满意度、社会风险判断、社会公平满意度、愤怒情绪、集群效能和集群行为意向十四个方面进行综合分析，发现积极传播者的心理特征。对得到的微博用户的特征集使用社会态度预测模型进行预测分析，并保留计算结果，得到分析结果如图 5-17 所示。

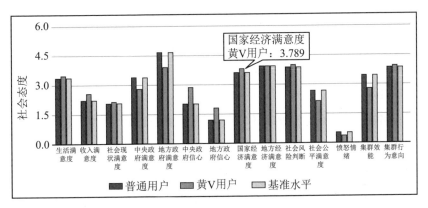

图 5-17　参与"英国脱欧公投"事件讨论的微博用户的社会态度

黄 V 用户的收入较好，对个人的生活、收入、社会现状都比较满意，对中央和地方的经济满意度更高，对中央与地方政府更有信心，愤怒情绪也更低，但对中央和地方政府的满意度较普通用户低。而普通用户对生活满意度、收入满意度、社会现状满意度比黄 V 用户低，对政府信心也不如黄 V 用户高，却对政府满意度、国家经济满意度高，对社会存在风险判断与网络大 V 基本持平，虽然存在愤怒情绪，但愤怒情绪非常低且集群效能较高。由此可以看出，传播者普遍是"生活不错，对国家满意度较高"的群体，有其固有行为心理倾向。

本研究结果证明，舆情事件的积极参与者对国际话题较为关注，由于微博的积极参与者普遍是"生活不错，对国家满意度较高"的群体，因此此次"英国脱欧公投"舆情事件得到广泛的传播。此类话题相对于没有保障的网络消息，民众更加关注权威报道，由于多家新闻媒体对此进行报道，也就引起了互联网环境下大范围的讨论与关注。

随着网络舆论的发酵，事件参与者的情绪也在发生变化，我们主要通过快乐、愤怒、失望、忧郁、憎恶、难过、怀疑这 7 个情绪指标进行分析，如图 5-18 所示。

快乐：在事件出现的前 5 天内并无明显体现，在第 6 天时达到峰值，在随后的 7～9 天呈现下降趋势，第 10 天达到第二次高峰，连续 3 天再次呈现下降趋势，之后 5 天再次上升并逐渐稳定。15 天内快乐情绪均占主导地位。

愤怒：在事件出现的前 5 天内并无明显体现，从第 6 天开始凸显愤怒情绪，在第 7～11 天呈下降趋势，第 12 天再次出现，但愤怒情绪始终处于较低的水平。

失望：在 15 天内始终没有较大的波动，均处于极低的水平。

忧郁：在事件出现的前 5 天内并无明显体现，第 6 天达到第一次峰值，接下来的 6 天内呈现下降趋势，第 10～15 天再次出现上升趋势，并在第 14 天达到第二次峰值。

憎恶：在事件出现的前 5 天内并无明显体现，第 6 天达到第一次峰值，接下来的 6 天内呈现下降趋势，第 10～15 天再次出现上升趋势，并在第 14 天达到第二次峰值，表现为与忧郁情绪相同的变化趋势。

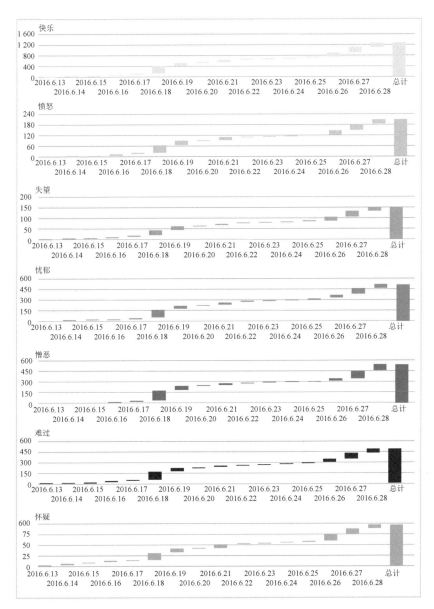

图 5-18 参与"英国脱欧公投"事件讨论的微博用户情绪发展趋势

难过：在 15 天内始终没有较大的波动，均处于极低的水平。

怀疑：在 15 天内始终没有较大的波动，均处于极低的水平。

在此次事件当中，在对舆论进行观察的 15 天内，快乐情绪始终处于主导地位，分别在事件跟踪的第 6 天与第 14 天出现第一次和第二次峰值。

3. 小结

英国脱欧公投于北京时间 2016 年 6 月 23 日 14：00 至 24 日 5：00 进行。由以上数据分析，我们可以发现，网友及舆论对英国脱欧公投的影响持理性、客观的态度，最关心的还是对自己实际利益诸如股票、外汇交易、黄金等资产价格的影响。

以上得出的结果以及对当时英国经济政治态势与系统的舆情预测分析结果——事态有继续扩大的趋势，预计将要发生较大事件——也是相符的。英国脱欧公投事件在国际上产生了很大影响，时至今日，仍然影响着各国的经济、贸易、政治以及战略关系。

四、关注科技与文化

（一）引力波事件

1. 事件概述

引力波是 1916 年爱因斯坦基于广义相对论的预言。极端天体物理过程中引力场急剧变化，产生时空扰动并向外传播，人们形象地称之为"时空涟漪"。自从 2015 年 9 月 14 日美国激光干涉引力波天文台(Laser Interferometer Gravitational-Wave Observatory，LIGO)首先发现双黑洞并合产生的引力波事件以来，已经探测到 4 例引力波事件。2017 年 8 月 17 日，LIGO 和欧洲"室女座"引力波探测器共同探测到的不同于以往的新型引力波事件 GW 170817，是人类首次直接探测到的由两颗中子星并合产生的引力波。随后的几秒之内，美国宇航局 Fermi 伽马射线卫星和欧洲 INTEGRAL 卫星都探测到了一个极弱的短时标伽马暴 GRB 170817A。全球有几十台天文设备对 GW 170817 开展了后随观测，确定这次引力波事件发生在距离地球

1.3 亿光年之外的编号为 NGC 4993 的星系中。

我国第一颗空间 X 射线天文卫星——慧眼 HXMT 望远镜——在引力波事件发生时成功监测了引力波源所在的天区，对其伽马射线电磁对应体（简称引力波闪）在高能区（MeV，百万电子伏特）的辐射性质给出了严格的限制，为全面理解该引力波事件和引力波闪的物理机制做出了重要贡献，相关探测结果发表在报告此次历史性发现的研究论文中。

同时，自北京时间 2017 年 8 月 18 日 21：10 起（距离此次引力波事件发生 24 小时后），中国南极巡天望远镜 AST3 合作团队利用正在中国南极昆仑站运行的第 2 台望远镜 AST3-2 对 GW 170817 开展了有效的观测。此次观测持续到 8 月 28 日，其间获得了大量的重要数据，并探测到此次引力波事件的光学信号。

此次发现的引力波事件与以往发现的双黑洞并合不同，它由两颗中子星并合产生。此前科学家理论预言双中子星并合不仅能产生引力波，而且能产生电磁波，即引力波电磁对应体，因此此次探测到引力波以及电磁对应体是天文学家期待已久的重大发现。

这是人类第一次同时探测到引力波及其电磁对应体，是引力波天文学史上极为重要的里程碑事件，在天文学以及物理学发展史上具有划时代的意义，它正式开启了多信使引力波天文学时代。（以上信息来自新浪科技报道。）

2. 大数据舆情分析

因为此次引力波事件具有极为重要的意义，天文学家使用了大量的地面和空间望远镜进行观测，形成了一场天文学历史上极为罕见的全球规模的联合观测。然而，引力波事件发生时仅有 4 台 X 射线和伽马射线望远镜成功监测到爆发天区，中国的"慧眼"望远镜便是其中之一。过去西方研发前沿技术时中国只是旁观者，现如今中国已不再是简单地追赶，而是在某些方面正发挥引领作用。此次引力波事件彰显了我国的科技实力，在我国产生了不小的影响，各大媒体以及网络社交平台纷纷对此事进行报道与追踪。因此，调查和分析公众对于引力波事件相关的情绪与态度等变化具有一定的实际意义。

我们通过对含"引力波"的微博使用动态查询扩展的算法扩展出与"引力波"相关的关键词：引力波、全文、子星、黑洞、天文学家、合并、LIGO、探测、合弱、1.3 亿、并合、示意图、赞爆、VIR-GO、几十亿、光年。

基于上述关键词检测结果，对 2017 年 9 月 27 日至 2017 年 10 月 20 日的微博进行分析，发现话题爆发在 10 月 9 日与 10 月 10 日两天，分别达到 1 653 条与 2 988 条。微博热度趋势如图 5-19 所示。

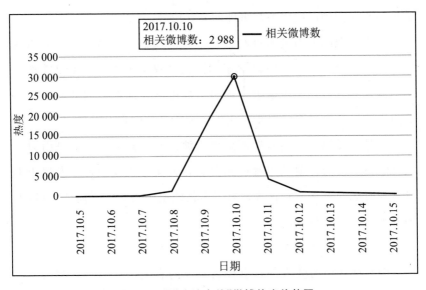

图 5-19 "引力波事件"微博热度趋势图

筛选得到事件相关微博后，可以进一步找到参与话题讨论的用户，计算得到用户类型。其中，未认证用户所占比例为 89.9%，黄 V 用户所占比例为 6.8%，媒体用户所占比例为 1.3%，企业用户所占比例为 0.8%，政府用户所占比例为 0.7%，学校用户所占比例为

0.2%，网站用户及其他用户所占比例为 0.3%。

微博传播者的社会态度如图 5-20 所示。

黄 V 用户的收入较好，对个人的生活比较满意，对中央和地方政府有信心，但愤怒情绪较普通用户稍高，不满国家经济发展现状，社会公平满意度不高，认为社会存在较高风险，有较强的集群行为意向。而普通用户对生活、收入、社会现状的满意度比黄 V 用户低，对政府信心也不如黄 V 用户高，却对政府、国家经济的满意度高，几乎不存在愤怒情绪，对社会存在风险判断与黄 V 用户基本持平，但是他们的集群效能较高。由此可以看出传播者普遍是"生活不错，对国家满意度较高"的群体，有其固有行为心理倾向。

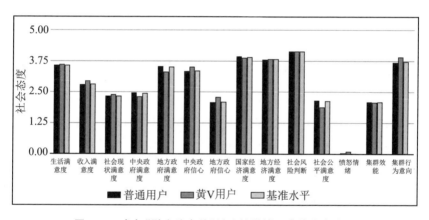

图 5-20 参与"引力波事件"讨论的微博用户的社会态度

本研究结果证明，舆情事件的积极参与者对科学类话题较为关注，由于微博的积极参与者普遍是"生活不错，对国家满意度较高"的群体，因此此次引力波事件得到较广泛的传播。此次引力波事件标志着国家在科技方面的又一次进步，因此民众的积极情绪得到了大范围提升。

个体行为深受其情绪的影响和控制，因此通过了解公众情绪的波动，可以提前对公众行为进行预警。通过对引力波事件数据的分析，我们可以看到快乐、愤怒、失望、忧郁、憎恶、难过和怀疑7种情绪的变化趋势，如图5-21所示。

由情绪发展趋势图所示，自引力波事件发生以来，10月8日以怀疑为主的情绪出现，10月9日至11日各类情绪交错爆发，以快乐与忧郁情绪为主，怀疑的情绪仍然存在，同时也出现了少量的憎恶情绪。经过对相关微博进行分析，我们可将上述情绪爆发情况做如下解释。由于此次引力波探测是引力波天文学史上极为重要的里程碑事件，在天文学以及物理学发展史上具有划时代的意义，而我国在其中扮演了重要的角色，公众对于引力波事件的发生喜闻乐见，部分积极用户会直接抒发其喜悦与自豪之情，也有更大一部分用户严谨客观地对此次舆论事件进行评论，这也就解释了为何快乐与忧郁两项情绪指标占据了较大的比例。

对于此次引力波事件，我们使用突发重大舆情态势预测分析系统来对事态进行分析。该系统由用户自行输入事件关键词和起止日期，在10分钟至1小时的时间内即可进行舆情的态势分析。根据需要，对可能发展为重大网络舆情的事件，迅速进行态势的自动分析预测，包括事件参与者的社会心态、关注热点、情绪变动及热度变动等，由此分析事件的紧急程度及发展趋势。只有了解大多数民众的态度和想法，政府机构才能准确把握即时的社会稳定状况，预测不稳定事件的严重程度，以此准确做出应对措施，把可能造成的损害降到最低。

由于引力波事件与公众的现实生活并不接近，因此在达到热议顶峰后热度自然下降，并迅速消退，于4天后彻底退出舆论中心。

3. 小结

在此次引力波事件中，我们利用微博这一海量数据生产平台分析了网民对此次舆论事件的看法与态度。经过分析后我们发现，在

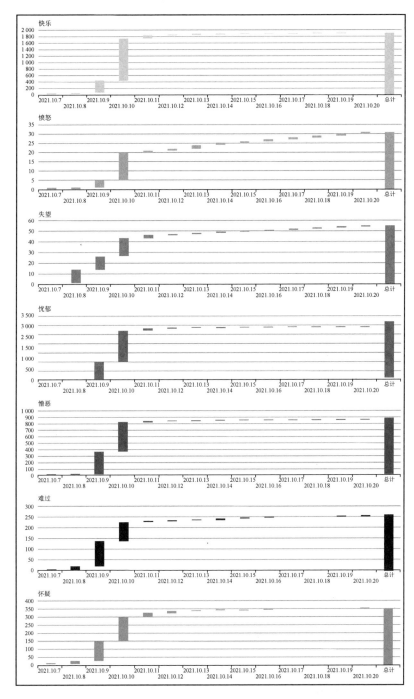

图 5-21　参与"引力波事件"讨论的微博用户情绪发展趋势

大量的转发与评论中，网民关注的问题核心是事件本身发生的经过与政府相关部门针对此事件所出台的相关政策。鉴于引力波事件是一起标志着我国科技进步的事件，为公众喜闻乐见，因此大部分网民的重要关注点集中于事件本身，其余小部分网民将关注点定位于政府相关部门的政策。在事件发生后的 3 天内，大量微博内容均与这两方面有关，网民希望通过大量转发与评论来扩大引力波事件的社会影响，这有利于公众提高对国家政府及经济的满意度，然而与此同时也可能催生部分不实言论。

由此，在舆论事件发生后，有关部门应时刻关注舆论走向，了解公众的心理需求，有针对性地进行信息发布与舆论引导，这样不仅有助于舆情保持积极走向，也可使事件相关部门获得民众信任。

除此之外，通过对微博传播者心理特征的分析，我们发现此次引力波事件的积极传播者往往收入较高，具有一定的社会现状，对个人生活比较满意。这可以说明当民众的生活水平提高后，他们开始关注社会与国家发展问题，希望参与到社会管理中来。而互联网的飞速发展，又为人们参与社会事务、表达态度与观点提供了平台，网络平台所具有的传播效应又进一步放大了网民的力量，从而影响到政府的决策和管理。因此在社会新形势下，政府要提高社会治理水平，就需要更多地关注公众信息，尤其是广大网民的心理变化与需求，主动回应公众的心理需求，只有在心理层面上与公众建立互信，才能为社会治理奠定一个良好的社会心理基础。

(二)"4·15"巴黎圣母院火灾事故

古建筑及古建筑群既是历史的沉淀，也是人类智慧的结晶。通过对古建筑的研究，我们能够更好地了解人类在不同历史时段和不同社会环境下的文化、风俗、经济等发展状况。古建筑的文化价值和艺术价值不言而喻，对古建筑的保护也就显得格外重要。历史上的古建筑和古建筑群，不仅经受了战争和自然灾害的破坏，往往还遭受着人为的破坏。21 世纪以来，世界进入经济与科技高速发展的信息时代，人们的物质生活和精神文明都在不断得到改善和提高，也有越来越多的人意识到保护古建筑的重要性。作为人类历史的见证者，即使是在不同国家、不同种族或不同的文化背景下，古建筑及古建筑群都是整个人类文明史上的瑰宝，具有非比寻常的历史、科学和艺术价值。

巴黎圣母院(Cathédrale Notre Dame de Paris)位于法国巴黎市中心的塞纳河畔，是法兰西岛地区教堂群中极具代表性的一座哥特式建筑，也是法国巴黎的著名地标。巴黎圣母院最初由巴黎大主教莫里斯·德·苏利决定兴建，始建于 1163 年，历时 180 余年建成，建筑总高度超过 130 米，是欧洲历史上第一座完全哥特式的教堂，具有划时代的意义，也是巴黎最具代表性的历史古迹。作为古老巴黎的象征，巴黎圣母院不仅是宗教性建筑，同时也蕴含着法国人民的智慧，反映了人类对美好生活的热爱与向往，以及对崇高艺术的追求和探索。

1. 事件概述

当地时间 2019 年 4 月 15 日下午 6 时许，正在进行维修工程的巴黎圣母院突然发生了火情，火势迅速蔓延，难以控制，产生的滚滚浓烟遮蔽了塞纳河畔的天空。在围观人群的紧张注视下，巴黎圣母院的标志性尖顶坍塌。随后在巴黎数百名消防员的奋力抢救下，火势才渐渐得以控制。当地时间 4 月 16 日早上，在大火燃烧了近 15 小时后，巴黎消防员宣布着火点被全部扑灭。教堂主体的建筑骨架和两座钟楼在大火中得以保全，但教堂的塔尖在大火中坍塌，2/3 的屋顶被大火烧毁。消防人员称，教堂现存的一些内部结构也仍有倒塌的风险。

火灾发生后，巴黎市检察机关在第一时间宣布启动调查。截至北京时间 2019 年 11 月 20 日，"'4·15'巴黎圣母院火灾事故"的起因仍未确定，但调查人员初步排除了人为纵火的可能性。巴黎圣母院的一场大火，不仅对法国民众造成巨大影响，同时也引起了全世界各国民众的关注。有学者表示，在文化艺术领域，"巴黎圣母院"俨然已然成为一个文化符号，远远超越了一栋建筑、一个乐派和一部戏剧等特定意义，成为承载着重要历史和文化内涵的象征。"'4·15'巴黎圣母院火灾事故"的发生和发展，牵动着每个人的心，也在我国的社交媒体上掀起了舆论高潮。

　　2. 大数据舆情分析

　　系统获取了参与"'4·15'巴黎圣母院火灾事故"话题讨论的微博用户数据，并根据微博影响力对这些用户进行分类，如普通用户和黄 V 用户。结果显示，北京时间 2019 年 4 月 16 日至 22 日，关于巴黎圣母院大火话题的微博数量多达 57 638 条。其中，2019 年 4 月 16 日，相关微博数量达到峰值，有 41 305 条(图 5-22)。参与巴黎圣母院大火话题讨论的用户比例为：普通用户占 92.2％，黄 V 用户占 5.7％，媒体用户占 0.7％，企业用户占 0.6％，政府用户占 0.4％，学校用户占 0.2％，网站用户及其他类型用户占 0.2％。

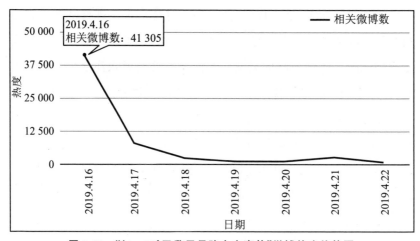

图 5-22　"'4·15'巴黎圣母院火灾事故"微博热度趋势图

运用生态化的公众社会态度感知技术，我们对 2019 年 4 月
16 日至 22 日参与"'4·15'巴黎圣母院火灾事故"话题讨论的微博进
行分析，计算了参与讨论该话题微博用户的社会态度。结果发现，
在所有参与"'4·15'巴黎圣母院火灾事故"话题讨论的微博用户当
中，普通用户的社会态度基本与基准水平持平。而黄 V 用户则普遍
对收入较为满意，对中央和地方政府比较有信心，集群行为意向强于
普通用户；但对比基线水平和普通用户，黄 V 用户对中央及地方政府
的满意度普遍较低，同时认为社会在公平程度上还有待提高（图 5-23）。

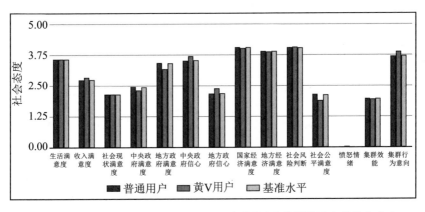

图 5-23　参与"'4·15'巴黎圣母院火灾事故"讨论的微博用户的社会态度

我们发现，在关于"'4·15'巴黎圣母院火灾事故"话题的讨论过
程中，随着时间的转移，话题讨论者的情绪也在发生变化。下面主
要通过话题讨论者的快乐、愤怒、失望、忧郁、憎恶、难过和怀疑
这 7 种情绪进行分析。所有参与"'4·15'巴黎圣母院火灾事故"话题
讨论用户的单个情绪指标变化详见图 5-24。

通过观察和分析，我们发现话题讨论者的快乐、失望、忧郁、
憎恶和难过这 5 个情绪指标变化趋势一致，而愤怒情绪指标则与怀
疑情绪指标的变化趋势类似。7 种情绪的具体解读如下。

快乐、失望、忧郁、憎恶、难过 5 个情绪指标均在话题产生的
第 1 天达到峰值，在随后的 6 天内逐日减少。5 个情绪指标在总体上

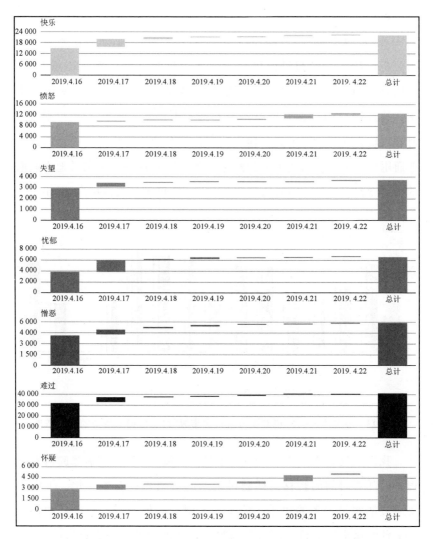

图 5-24　参与"'4·15'巴黎圣母院火灾事故"讨论的微博用户情绪发展趋势

均呈下降趋势。

愤怒和怀疑的情绪指标在话题产生的第 1 天达到峰值，在随后的 3 天有所下降；但随着舆论的发酵，从第 4 天开始，话题讨论者的愤怒和怀疑情绪开始回升，并在第 6 天时达到第二次峰值，随后再次下降。从总体来看，第二次峰值远低于第一次峰值，愤怒和怀疑的情绪指标在总体上仍呈下降趋势。

此外，我们还将话题讨论者的 7 个情绪指标进行对比和整合。这样有助于我们更清楚地了解舆情参与者的情绪强度、主导情绪及总体情绪变化趋势。

在此次舆论事件中，在舆情出现的前 5 天内，话题参与者的情绪状态主要表现为难过，第 6 天后，话题参与者的主导情绪由难过转变为怀疑，较为负面的情绪指标全程占据主导地位。在 7 种情绪中，随着舆情发酵，愤怒和怀疑先后出现了两次高峰，但话题参与者所有的情绪指标在总体上均呈下降趋势。可见参与者对"'4·15'巴黎圣母院火灾事故"普遍持负面态度，该事件的确激发了人们的负面情绪，但随着时间的推移，人们的情绪强度会随之减弱。舆情分析平台得出的结论提示"预计将要发生一般事件"以及"事态可能不会继续扩大"。

3. 小结

时任欧盟委员会主席容克在对巴黎圣母院突发大火表示遗憾时说道："巴黎圣母院属于全人类，我与法国民众一样对此感到无比悲痛。"巴黎圣母院的一场大火刺痛了各国人民的心，珍贵的古建筑被大火烧毁，火灾后的断垣残壁无不令人扼腕叹息。

在"'4·15'巴黎圣母院火灾事故"的舆情事件中，我们利用 2019 年 4 月 16 日至 22 日的社交媒体大数据，分析了民众在此次事件中的普遍态度和情绪。结果显示，国内群众在关于"'4·15'巴黎圣母院火灾事故"的讨论中出现了较多的负面情绪。随着时代的发展，人们越来越意识到历史文化、艺术和精神文明的重要性。如同我国的万里长城和故宫等著名古建筑一样，"巴黎圣母院"在一定程度上代表着人类共有文明。当人类共有文明遭到破坏的事件发生时，人们普遍持负面态度，且伴有强烈的负面情绪。随着时间的推移，群众的情绪强度会逐渐减弱。对于类似事件，人们关注的焦点往往在于象征文明的古建筑是否受到良好保护，是否会遭到破坏以及遭遇破坏后是否得到妥善处理等。在微博等社交媒体上，网民会以转发与评论的形式来表达自己的态度。本次事件中舆情分析平台得出的结论提示，"'4·15'巴黎圣母院火灾事故"对国内的舆情影响可能不会继续扩大，有关部门只需及时关注事态动向、合理疏导群众情绪即可。

（三）2019年诺贝尔物理学奖

阿尔弗雷德·贝恩哈德·诺贝尔（Alfred Bernhard Nobel）是19世纪瑞典的一位化学家、工程师和发明家。他发明了硝化甘油炸药，并以此为基础成为军工装备制造商，在20个国家开设了约100家公司和工厂。诺贝尔一生拥有355项专利发明，积累了巨额财富。诺贝尔去世前于1895年立下遗嘱，将其财产的大部分——920万美元作为基金，以其年息（每年20万美元）设立物理学奖、化学奖、生理学或医学奖、文学奖以及和平奖5种奖项（1969年瑞典银行增设经济学奖），奖励在上述领域内做出重大贡献的学者。

诺贝尔物理学奖旨在奖励那些为人类物理学领域做出突出贡献的科学家。由瑞典皇家科学院颁发奖金，每年的奖项候选人由瑞典皇家自然科学院的瑞典或外国院士，诺贝尔物理和化学委员会的委员，曾被授予诺贝尔物理学奖或化学奖的科学家，在乌普萨拉大学、隆德大学、奥斯陆大学、哥本哈根大学、赫尔辛基大学、卡罗琳医学院和皇家技术学院永久或临时任职的物理学和化学教授等推荐。

对于媒体来说，每年的诺贝尔物理学奖颁发都是一次很好的向大众科普物理学知识的机会。而对于广大网友来说，除了了解学习科学知识外，诺贝尔奖的高额奖金，诺贝尔奖的候选人预测，诺贝尔奖对研究的贡献以及对群众生活的影响，还有诺贝尔奖获得者的国籍以及不同国家科研水平的比较，都具有一定的话题性。因此，每年诺贝尔奖的颁发都引起了网民热烈的讨论。

1. 事件概述

由于诺贝尔奖委员会对候选人的筛选和评定过程严格保密，因此在正式宣布前，对候选人的预测往往会引起网友的讨论。例如，近几年日本作家村上春树几乎每年都被大众认为是诺贝尔文学奖的热门候选人之一，尽管他没有获得诺贝尔文学奖，却仍然在每年奖项颁发时被广大网友热烈讨论。物理学奖由于专业性较高，相比文学奖引起的讨论要少一些，但仍有一些预测。在 2019 年诺贝尔物理学奖颁发的前一两天，就有一些媒体认为，粒子物理和凝聚态物理方面的研究最热门，而在这两个领域，日本有超过 5 位科学家有获奖机会，尤其是从事超导材料研究的十仓好纪和细野秀雄呼声很高。网友们也发表观点：日本科学家近几年频频获得诺贝尔奖，这反映了日本在科研方面的投入和建设取得了很好的成果，值得学习。

北京时间 2019 年 10 月 8 日 17 时 50 分，瑞典皇家科学院在斯德哥尔摩宣布，将 2019 年诺贝尔物理学奖一半授予美国普林斯顿大学吉姆·皮布尔斯（James Peebles），以表彰他"关于物理宇宙学的理论发现"，另外一半授予瑞士日内瓦大学的米歇尔·麦耶（Michel Mayor）和瑞士日内瓦大学教授兼英国剑桥大学教授迪迪埃·奎洛兹（Didier Queloz），以表彰他们"发现一颗环绕类太阳恒星运转的系外行星"。

消息宣布后，新闻和科普媒体纷纷转发通报，同时，许多相关领域的研究者和科普工作者也开始发表他们对物理学奖颁发的看法和解读。根据瑞典皇家科学协会的新闻稿，"今年的诺贝尔物理学奖，表彰了对宇宙结构和历史的新认识，以及首次发现太阳系外围绕类日恒星运转的行星"。

吉姆·皮布尔斯对物理宇宙学的洞见丰富了这一整个研究领域，并为过去 50 年来宇宙学从推测转变为科学奠定了基础。他从 20 世纪 60 年代中期发展起来的理论框架，成为我们当前理解宇宙的基础。大爆炸模型描述宇宙的演化，始于大约 140 亿年前的最初时刻，那时的宇宙非常炽热密集。从那时起，宇宙一直在膨胀，变得越来越大、越来越冷。大爆炸发生大约40万年后，宇宙变得透明，光线得以穿越空间。即使在今天，这种古老的辐射仍环绕在我们周围，宇宙中的许多秘密被编码其中。利用吉姆·皮布尔斯的理论工具和计算方法，能够解释宇宙初期的这些痕迹，发现新的物理过程。其结果向我们展示了这样一个宇宙——其中只有5%的内容是已知的，正是这些物质构成了恒星、行星、树木，以及我们。其余的95%是未知的暗物质和暗能量。这是一个未解之谜，也是对现代物理学的一大挑战。

1995年10月，米歇尔·麦耶和迪迪埃·奎洛兹宣布，在我们银河系中太阳系以外的另一颗类似于太阳的恒星周围，首次发现了一颗行星，即系外行星（exoplanet）。在法国南部的上普罗旺斯天文台，他们使用自制的设备"看到"了飞马座51b这颗行星。这是一颗气态行星，大小接近于我们太阳系里最大的气态巨行星木星。这一发现引发了天文学的一场革命。从那时开始，人们在银河系中发现了4 000多颗系外行星。随时都有神奇的新世界被发现，其尺寸、形态和轨道各不相同。这些行星挑战了此前我们关于行星系统的认知，逼迫科学家改写了有关行星形成背后物理过程的理论。随着大量的项目开始寻找太阳系外行星，我们可能最终能够找到答案来回答那个永恒的问题——远方，是否有其他生命存在？

2019年的诺贝尔物理学奖获奖者改变了我们对宇宙的看法。吉姆·皮布尔斯的理论发现有助于我们理解大爆炸后宇宙如何演变。米歇尔·麦耶和迪迪埃·奎洛兹在对未知行星的探寻中找到了我们在宇宙中的邻居。他们的发现改变了我们对世界的观念。

2. 大数据舆情分析

中国科学院心理研究所计算网络心理实验室的研究团队在110万活跃微博用户的基础上，筛选出参与2019年诺贝尔物理学奖话题讨论的用户，并根据微博影响力对这些用户进行分类，如普通用户和黄 V 用户。结果显示，2019 年 10 月 8 日至 14 日，关于诺贝尔物理学奖的微博数量有 100 多条，在 2019 年 10 月 9 日单日的相关微博数量最多（图 5-25）。参与用户比例为：未认证用户占 92.9%，黄 V 用户占 4.3%，媒体用户占比 2.8%。

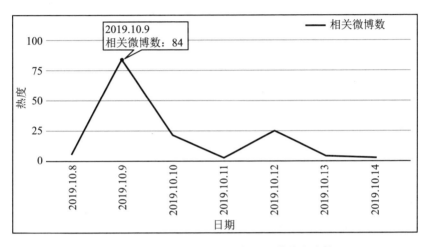

图 5-25　"2019 年诺贝尔物理学奖"微博热度趋势图

运用生态化的公众社会态度感知技术，我们对 10 月 9 日至 14 日每天的诺贝尔物理学奖相关微博进行了话题分析，计算了参与讨论诺贝尔物理学奖的用户的社会态度。结果发现，在所有参与诺贝尔物理学奖相关话题讨论的微博用户当中，普通用户的社会态度几乎与基准水平一致。而相比于基线水平和普通用户，参与讨论的黄 V 用户的收入满意度和社会现状满意度较低，对中央政府和地方政府满意度以及国家经济满意度较低，但对中央政府和地方政府的信心较高，社会风险判断较高，集群行为意向较强（图 5-26）。

随着奖项的颁发和科普文章的传播，事件参与者的情绪也在发生变化，我们主要通过快乐、愤怒、失望、忧郁、憎恶、难过、怀

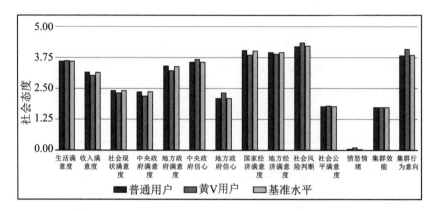

图 5-26　参与"2019 年诺贝尔物理学奖"讨论的微博用户的社会态度

疑这 7 个情绪指标(图 5-27)进行分析。

　　快乐:事情发生的第 2、第 3 天出现快乐情绪,随后消失。

　　愤怒:事情发生的前 4 天内并无明显体现,从第 5~6 天开始出现愤怒情绪,随后消失。

　　失望:事情发生的第 2 天出现较多失望情绪,第 3 天失望情绪微博数明显下降,随后消失。

　　忧郁:在整个时间段内,没有出现忧郁情绪。

　　憎恶:在整个时间段内,没有出现憎恶情绪。

　　难过:在事情发生的第 2 天有少量难过情绪出现,随后消失,在第 5、第 6 天出现较多难过情绪,随后消失。

　　怀疑:在事情发生的第 2、第 3 天有较多怀疑情绪出现,随后消失。

　　根据情绪的综合发展趋势来看,诺贝尔奖颁发在第一天傍晚,因此没有出现特定情绪;在第 2 天,主要情绪为失望,次要情绪为快乐;第 3 天时,参与者的情绪主要表现为快乐,失望情绪指标明显降低;第 4 天,没有出现相关讨论的微博;第 5~6 天,含有愤怒和难过情绪的微博讨论出现,随后这些情绪指标降低并消失。

　　在事件发生后,大多数网民因参与公共科学事件讨论而感到兴奋,也有一部分网民因没有中国科学家获奖而感到些许失望,还有

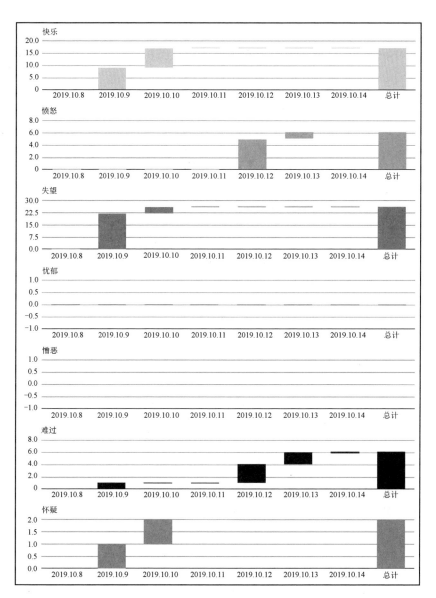

图 5-27　参与"2019 年诺贝尔物理学奖"讨论的微博用户的情绪发展趋势

一部分网民直白地表达了他们对天体物理学的疑惑，这些情绪的出现都是正常的。然而，失望情绪多于快乐情绪，这可能反映了网民对国家科研水平的高度期望，他们迫切希望中国科学家也能获得诺贝尔奖，这种期望落空而产生失望情绪。当然，也有可能是因为网友对物理学的深奥导致望而却步而失望，因相关科普传播机构没有在第一时间答疑解惑而失望。

各种讨论和情绪的激烈程度随着时间而降低，然而在本次事件中，诺贝尔物理学奖颁发 4 天后又出现了二次传播高峰，且网友的情绪以忧郁为主。这是为什么呢？原来，此次诺贝尔物理学奖颁发正逢美国经典情景喜剧《生活大爆炸》完结。这部美剧以几位美国物理学家为主角，故事在引发观众欢笑的同时也将严肃深奥的科学带到普通人身边。巧合的是美剧中提及过"大爆炸理论"，而本次诺贝尔物理学奖获得者吉姆·皮布尔斯的研究也与之有关，因此诺贝尔物理学奖的颁发借助一部美剧完结引发了二次传播。

在此次诺贝尔物理学奖事件中，通过分析民众网络舆论中的心态及情绪，可以快速地对民众意愿做出解读。通过生态化的公众社会态度感知技术，及时了解民众对科学传播的参与态度和情绪。

3. 小结

在此次诺贝尔物理学奖事件中，我们利用微博这一海量数据，分析了民众在此次事件中的态度和情绪。结果显示，网民关注的核心问题是科学事件的解读和科普。对于相关媒体来说，做好有趣生动的科普工作，才能更好地吸引网民的注意和参与，引导网民传播科学知识，提升网民科学素养。

(四)港珠澳大桥正式通车运营

港珠澳大桥位于中国广东省珠海口伶仃洋上，是一座连接香港、珠海和澳门，集桥、岛、隧为一体的超级工程，为世界上最长的跨海大桥，被英国《卫报》评为"新世界七大奇迹"之一。港珠澳大桥东起香港国际机场附近的香港口岸人工岛，向西横跨南海伶仃洋水域接珠海和澳门人工岛，止于珠海洪湾立交，桥隧全长 55 千米，为粤

港澳三地首次合作共建的超大型跨海通道，主体工程于 2018 年
10 月 24 日上午 9 时正式通车运营。

1. 事件概述

20 世纪 80 年代以来，香港、澳门与内地之间的运输通道，特别
是香港与广东省珠江三角洲东岸地区的陆路运输通道建设取得了明
显进展，有力地保障和推进了香港与珠江三角洲地区经济的互动发
展，但是香港与珠江西岸的交通联系却一直比较薄弱。1997 年亚洲
金融危机后，为振兴香港经济，充分发挥香港、澳门的优势，港珠
澳大桥的构想被提上日程。2003 年，内地与香港有关方面共同委托
研究机构调研、分析，完成了《香港与珠江西岸交通联系研究》。研
究结果表明，修建港珠澳大桥对连通三地具有重大的政治及经济意
义。2004 年，港珠澳大桥前期工作协调小组办公室成立，全面启动
港珠澳大桥各项建设前期工作。为进一步加快港珠澳大桥项目前期工
作，2009 年，国务院常务会议正式批准了港珠澳大桥工程可行性研究
报告，这标志着港珠澳大桥前期工作已顺利完成，港珠澳大桥正式进
入工程实施阶段。2017 年 7 月 7 日，港珠澳大桥海底隧道暨大桥主体
工程顺利贯通。2018 年 10 月 23 日上午，港珠澳大桥开通仪式在广东
珠海举行。10 月 24 日上午 9 时，港珠澳大桥主体工程正式通车。

港珠澳大桥开通后在全国引起强烈反响，各大媒体纷纷报道转
播大桥开通实况，并对该工程的技术难度、创新成就等方面展开详
细的解读，使大众更具体地了解到这是一项举世瞩目、成就非凡的
超级工程。人民群众的民族自豪感油然而生，为祖国感到骄傲。在
各大媒体平台上，网民毫不吝啬自己的赞美之词，纷纷表达自己对
祖国的热爱，对港珠澳大桥顺利开通表示祝贺，对大桥的建设者表
达敬意和感谢等。短时间内，全国上下、大江南北均洋溢着喜悦的
气氛。随后，大批游客前往港珠澳大桥参观游览，部分旅行社顺应
顾客需求，开通了港珠澳大桥游览线路，多条公交线路开通。随后，

港珠澳大桥迎来了首个周末客流高峰期，大批游客慕名而来，各路交通繁忙，人流如织。珠港边检总站数据显示，相比口岸开通首日，27 日客流增加了 1/3，从 24 日大桥正式运营到 10 月 28 日 10 时，该站共查验出入境旅客超过 11 万人次，出入境的两地牌车近 4 000 辆次。另外，根据香港特区政府运输和出入境部门数据，开通最初几天每日游客量均超过 3 万人次，10 月 28 日首个周日接近 7.8 万人次，高峰时段每小时客流量达 3 500 人次。作为港珠澳大桥三地口岸间唯一的公共交通工具，穿梭巴士最为繁忙，其中首日在港珠线、港澳线上的穿梭巴士运送游客 2.6 万人次。港珠澳大桥香港口岸在通车后首个周末出现大批人流等候穿梭巴士的情况。对此，特区政府运输署后续又推出增加 18 部穿梭巴士等改善措施。

港珠澳大桥已经成为一座地标性建筑，正为用户提供优质的服务，这一世界级跨海通道将为港、珠、澳三地经济腾飞插上翅膀。国家主席习近平高度评价了港珠澳大桥工程。他指出："港珠澳大桥是国家工程、国之重器。""港珠澳大桥的建设创下多项世界之最，非常了不起，体现了一个国家逢山开路、遇水架桥的奋斗精神，体现了我国综合国力、自主创新能力，体现了勇创世界一流的民族志气。这是一座圆梦桥、同心桥、自信桥、复兴桥。大桥建成通车，进一步坚定了我们对中国特色社会主义的道路自信、理论自信、制度自信、文化自信，充分说明社会主义是干出来的，新时代也是干出来的！"

2. 大数据舆情分析

中科院心理所计算网络心理实验室研究团队通过新浪微博公共接口获取了 110 万活跃微博用户的数据，并从中获取了 2018 年 10 月 23 日（港珠澳大桥正式通车运营的前一天）至 29 日一周时间内参与港珠澳大桥话题讨论的用户微博。微博热度趋势图显示，在研究跨度内，关于港珠澳大桥话题的微博热度分别在 10 月 24 日和

28 日出现高峰，变化趋势明显（图 5-28）。由此可见，微博热度峰值出现的时期表明有重大舆论事件发生。结合相关数据资料，对微博热度趋势做如下说明。10 月 23 日，港珠澳大桥开通仪式在广东珠海举行，国家主席习近平出席仪式并宣布大桥正式开通，当天权威媒体进行了报道宣传，这是舆论的起点，微博热度开始不断攀升。舆情经过一天的发酵，24 日上午 9 时港珠澳大桥公路及各口岸正式通车运营，各大媒体纷纷跟踪报道，自媒体平台上也刮起了一阵"祝贺祖国建成超级工程"的热潮，舆情不断扩大，将舆论推向高潮，反映为在该日微博热度达到峰值。随后数日，该事件的微博热度逐渐趋于平缓，原因在于开通后的数日均为正常工作日，广大群众在工作日期间忙于经营各自的工作和生活，降低了对港珠澳大桥开通事件的关注。至 28 日，微博热度快速攀升带来新的舆论高潮，该日为大桥开通后的首个周末，大量游客前来观光游览，港珠澳大桥迎来首个周末客流高峰。游客通过自媒体平台表达欢庆和喜悦，该事件再次被公众广泛关注。综上所述，港珠澳大桥正式运营的微博热度趋势能够很好地反映事件的舆情变化，为舆情的跟踪和分析提供了便利。

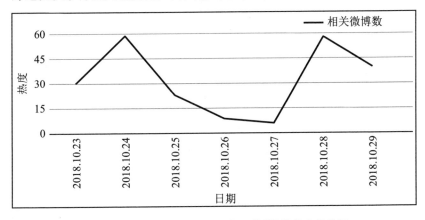

图 5-28　"港珠澳大桥正式通车运营"微博热度趋势图

本研究根据微博影响力对参与该事件讨论的微博用户进行分类，如普通用户和黄 V 用户等。参与用户比例为：未认证用户占 89.3%，黄 V 用户占 7.8%，媒体用户占 1.5%，网站用户占 0.9%，企业用户占 0.5%。

运用生态化的公众社会态度感知技术，本研究对 10 月 23 日至 29 日每天与港珠澳大桥事件相关的微博进行了话题分析，计算了参与讨论港珠澳大桥事件微博用户的社会态度（图 5-29）。在所有参与港珠澳大桥相关话题讨论的微博用户当中，普通用户的社会态度几乎与基准水平一致。在收入满意度、中央政府信心、地方政府信心方面，黄 V 用户的数值显著高于基准和普通用户水平，这与黄 V 用户一般具有较稳定的收入有关。然而在中央政府满意度、地方政府满意度、社会公平满意度方面，黄 V 用户的数值明显低于基准和普通用户水平，这可能与社会阶层和利益有关。中国的相关政策是要符合最广大人民群众的根本利益，港珠澳大桥对普通群众来说主要是游览观光以及欢庆祖国的强大，而黄 V 用户可能会更注重大桥所带来的经济价值。前文提到，港珠澳大桥主要为其连接的周边区域带来巨大的经济价值，对于其他地区来说，直接价值似乎并不明显，所以黄 V 用户可能会产生部分负面情绪，这一点也是尤为需要关注的。舆情预警和相关应急组织尤其需要注意部分黄 V 用户对舆论的错误引导，避免舆情恶化和恶性舆论事件的发生。此外，普通用户、

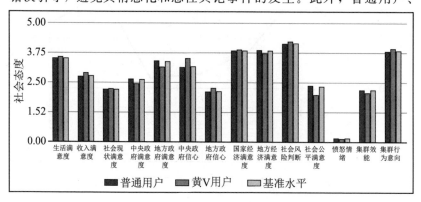

图 5-29　参与"港珠澳大桥正式通车运营"讨论的微博用户的社会态度

黄 V 用户、基准水平，在收入满意度、社会现状满意度、中央政府满意度、地方政府信心、社会公平满意度、集群效能维度上表现出较低的水平，通过多个事件对比分析，发现在这几个维度上具有相同的趋势，这表明各群体在某些维度上的整体水平与某个事件的关系不大，属于对当前社会结构和社会状况的反映，需要政府推进深化改革和加强社会治理。

微博是一个富于情绪化的平台，微博用户发表的微博内容往往包含着个人对事件的情绪化言论。舆情的发展和用户的情绪之间相互影响、相互作用。在"港珠澳大桥正式通车运营"事件中，本研究逐日研究分析了自 10 月 23 日至 29 日的公众情绪指标变化，公众情绪指标包括快乐、愤怒、失望、忧郁、憎恶、难过、怀疑 7 个指标(图 5-30)。

快乐情绪，在事件发生的第 1 天时增幅最多，之后数日逐渐减少，直至趋于平静，并且该情绪总值处于较高水平。

失望情绪在 24 日即大桥正式开通当天有微弱增幅，在 29 日增幅明显。结合相关数据表明，24 日有部分游客前往游览，至 28 日迎来周末游客高峰，游览需要排队乘坐穿梭巴士，可能由于游客过多、等候时间过长导致部分游客出现负面情绪。此外，与同时期其他事件相比，在 10 月 28 日某地发生公交坠江事故，酿成惨案，在社会上引起轩然大波，对公众情绪产生负面影响，间接影响分析结果。

愤怒情绪在事件的整个过程中没有体现，难过情绪整体幅度不大，占比较少，这表明社会公众对该事件本身的负面情绪很少。

忧郁、憎恶、怀疑这三种情绪，在分析阶段均持续存在，并且占有一定的比重，能够代表部分用户的观点，故这部分情绪不能忽略，反而应该着重研究。我们在深入了解港珠澳大桥的运营方式和相关规定后发现，由于大桥所处位置特殊，所连接的三个地区的政策大相径庭，内地的私家车需要办理烦琐的申请手续才能开上大桥，这导致部分用户心理不平衡，从而产生负面情绪。由于大桥刚开通，

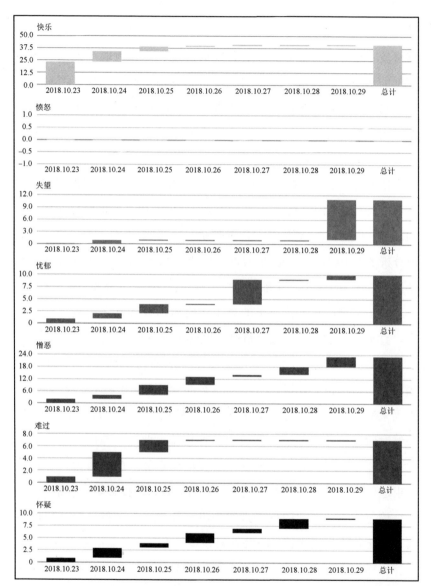

图 5-30　参与"港珠澳大桥正式通车运营"讨论的微博用户情绪发展趋势

关于运营的很多方面还处于摸索阶段，随着经验的积累和服务的升级，港珠澳大桥的运营将会更加惠民、便民。

在"港珠澳大桥通车运营"事件中，快乐情绪是占主导地位的，这表明公众对该事件的态度主要是积极的、正面的。虽然也存在部分失望、忧郁等情绪，但是占比非常小，并且根据上述情绪的分析，这部分负面情绪并不是对港珠澳大桥本身的，也并不是不可调和的。相反，这些情绪是由于社会重大事件和初期运营造成的，随着时间的推移，均会有所改善。

在此次"港珠澳大桥正式通车运营"事件中，通过分析事件参与者的社会态度及情绪指标变化，可以快速地对民众意愿做出解读。通过舆情预警技术，及时了解民心、掌握民心，既能有效控制和引导舆情发展方向，又能在特定事件中对民众情绪进行有针对性的疏导，维护社会稳定。经过上述分析，"港珠澳大桥正式通车运营"事件的舆论发展状况良好，不会恶化。

3. 小结

港珠澳大桥建成通车，极大地缩短了香港、珠海和澳门三地间的时空距离。作为从桥梁大国走向桥梁强国的里程碑之作，该桥被誉为桥梁界的"珠穆朗玛峰"，不仅代表了中国桥梁先进水平，更是国家综合国力的体现。在"港珠澳大桥正式通车运营"事件中，公众纷纷通过自媒体平台表达对大桥建造者的敬意，对"超级工程"顺利开通的庆祝，对祖国富强昌盛的赞美，体现了爱国精神和民族情怀，表现出公众积极正面的态度和情绪，营造了一派祥和、欢庆、美好的氛围，舆论趋势一路向好。但是需要注意在"港珠澳大桥正式通车运营"事件舆情发展过程中，由于部分群体利益的原因，一些具有影响力的个人或组织可能会错误引导舆论走向，使舆情恶化。当特定事件在未进行人为干预的情况下舆情发展良好时，不能疏忽大意、任其自然发展，相关部门要提防舆情被恶意操纵的事件发生，做好相关应急预案，并主动通过具有影响力的媒体或渠道将舆论不断向积极的方面引导。发展趋势良好的舆情、积极正面的舆论将有助于弘扬社会正能量、社会主义核心价值观，有利于推进社会和谐和社会治理。

第六章

春风化雨：网络技术
支持的精准心理引导

中国互联网信息中心(CNNIC)在京发布的第 48 次《中国互联网络发展状况统计报告》显示，截至 2021 年 6 月，我国网民规模超 10 亿，且农村互联网普及率不断提升。数据表明，移动互联网的影响力正在不断增大(屈冠群，2019)。网络对当代人们的生活方式、思想观念和心理健康状况产生了巨大而深远的影响(欧阳叶，刘建军，2019)。因此，借助网络以及计算机技术进行良好精准的心理引导显得更加迫切。

本章将介绍心理引导干预的相关内容，包括引导和改变的具体心理学内容、基于微博平台的引导与干预，以及针对不同干预对象的有效干预信息设计。通过对这些内容的相关介绍，我们将对心理学在网络时代的引导和干预作用有更加深入的了解，也会更加明白其应用和研究的重要性及必要性。

一、引导和改变

引导是指从心理层面上对人们的某些行为与语言进行解析、疏导，从而让人们更加客观地认识自己和这个世界，调整和控制行为。

简单来说，进行引导之前我们需要对人们产生某种行为或者态度的心理状态进行探究，在此之后才能够选择相应的引导策略，进行调整和疏导。基于网络数据时代背景，目前具体引导的内容可以简单地分为三类，即网络舆情引导、态度引导和行为引导。通过引导产生的最重要的结果即某些方面的改变，针对三种不同的引导内容，产生的改变也可以对应地分为舆论改变、态度改变和决策改变。

下面将对这三种类型的引导和改变的内容进行具体介绍。

(一)网络舆情引导及舆论改变

在这一部分我们将从网络舆情的定义、网络舆情的类型、网络舆情引导的定义、网络舆情引导的策略、网络舆情引导的意义和舆论改变方面进行介绍。

1. 网络舆情的定义

自从"舆情"这个概念进入国内学术研究领域以来，其定义经历了不断发展的过程，最早的舆情研究文献倾向于将舆情界定为民众对当前社会生活的态度，指在一定时间和空间内，围绕中介性社会事件的发生和变化，民众对社会管理者及其政治取向产生以及持有的社会态度(王珏，2016)。

之后研究者对这一定义不断进行完善和扩充，最终将舆情定义为狭义和广义两种。狭义的舆情是指作为社会主体的人民群众对于作为客体的国家管理阶层所持有的社会政治态度及主张，简单说就是民众的社会政治态度。广义的舆情就是社情民意，是社会各个阶层的人民群众对于社会生活中关于自身发展或者国家发展的观点、态度和情绪。

互联网作为一种新兴媒体，已发展为第一媒体，不仅成为思想文化信息的集散地，而且成为社会舆情的放大器，从而形成网络舆情(王珏，2016)。换句话说，网络舆情是通过互联网表达和传播的，民众对自己关心或与自身利益紧密相关的各种社会公共事务所持有的多种情绪、态度和意见交错的总和。事实证明，网络舆情爆发出来的力量是巨大的，经常超乎人们的预料和想象。

网络舆情是广义舆情的一个重要组成部分，是网民或者媒体借助互联网及其相关的即时通信工具、论坛等媒介，对社会中新发生的某一焦点问题或者社会公共事务所表现出的一种带有个人倾向性的言论。网络舆情是社会舆情在网络虚拟空间的一种现实、特殊的反映方式，是人们对国家的政治、经济、文化、外交、军事等发展趋势或某一事件在网络上的集中反映。

2. 网络舆情的类型

针对网络舆情不同的内容和形成过程，可将其分为不同的类型。

按照网络舆情的内容可以分为政治性舆情、经济性舆情、文化性舆情和社会性舆情。其中内容分别涉及政治、经济、文化以及社会生活，由于网民群体不尽相同，他们所关注的舆情类别也不相同。与此同时，网民受自身年龄、学历、经历、职业的限制，这些特点也会影响他们对不同舆情产生不同倾向性的观点。简单来说，不同的群体可能会关注不同内容的舆情，而这些舆情和关注者之间相互作用，不断吸引着有相关自身特点的人关注此类舆情。

按照网络舆情的形成过程可以分为自发舆情和自觉舆情。自发舆情是在一种没有组织的情况下趋于一致的认同，网络中出现的大部分舆情都是一种自发舆情。自觉舆情是通过某个人或者某个组织的引导来控制舆情，如微博中的一些黄 V 用户。他们通过坐拥的粉丝资源，发表个人见解和意见，从而被一些不了解具体情况的粉丝进行转发和传播，达到一种"炒作"的状态。这些人如不能如实地反映客观现实，便会造成一些谣言在社会上传播，破坏社会风气和网络环境。

3. 网络舆情引导的定义

网络舆情引导的主要内容是针对舆论的引导或者指导。邓涛（2012）从新闻媒体的主体方面提出，"舆论引导又称指导舆论或舆论导向，指新闻媒介把社会分散的意见或错误的舆论引向媒介的立场上来，同媒介的议题一致，让舆论按照媒介的愿望发展"。此外，王秀娟与李睿（2016）、冀虹（2016）、张勋宗（2016）等人也持类似观点。

从新闻媒体和政府两方面出发，舆论引导是政府和媒体的一项重要职能，关系着主流价值体系的构建，对政治稳定和社会和谐发挥着极其重要的作用（王习贤，2015）。根据研究重点的不同，关于舆论引导的定义各有侧重（宋云波，杨佳，2015），但总体上媒体和政府在舆论引导中的主体地位是比较受认同的。因此，舆论引导是指政府、媒体等机构或突发事件责任方对突发事件所引发的舆论进行引导，使之向减弱事件危害、促进社会和谐以及维护社会稳定的方向发展。

4. 网络舆情引导的策略

针对舆情开始传播、扩散、退潮以及防反弹四个阶段，舆情引导的策略各不相同（李诗文，陈骏，2019）。

舆情开始传播时期的引导策略有以下几种。第一，加强审核与信息发布规范。爆料者的爆料是网络舆情的起始点，爆料者散布的信息是有选择性的，对整个信息传播链都会产生影响。因此，政府对于网民信息发布和审核应该做好制度建设，制定网络信息发布的标准以及规范，对于爆料者所爆出的信息进行严格审核。保证爆料的信息是真实有效的，这样不但可以满足普通网民的信息需求，同时也符合国家的利益。第二，发挥媒体的监督和管理作用。新媒体报道传播信息时应该实施"把关人制度"，尽量做到每条信息都能先审核再传播。传统媒体具有一定的权威性，无法在网络舆情传播的开始阶段及时地进行回应和报道。传统媒体应该及时和新媒体进行合作，建立新媒体账号。融合新媒体的灵活性，传统媒体的权威性、真实性，在网络舆情出现时做好引导工作。第三，加强对网民的管理，提升网民素质。网民是舆情信息的受众，政府必须努力提升网民的自身素质和独立思考能力，使其尽量不受虚假和不良信息影响。在网民中选择培养意见引导者，引导网民健康绿色的网络活动，减少不良信息的散播，以确保舆情环境的安全健康。

　　舆情扩散时期的引导策略有以下几种。第一，培养意见领袖人物，充分发挥领袖作用。在网络上意见领袖是沟通媒介和网民的枢纽。媒介把从政府得到的真实信息传给意见领袖，使其利用自己的名誉和声望引导网民进行理性思考。领袖人物能够对网民的情绪给予及时疏导，以帮助他们从盲从走向理性思考。第二，建立完善网络舆情方面的法律法规，对意见领袖以及网民的网络行为进行引导和规范。第三，对网络及媒体进行议程设定，把网络信息限定在符合公众合法权益的范围内。要求每个网络平台设置把关人，过滤以及删除该平台上不真实的信息及谣言，严格管控网络的话语权。第四，营造和谐的社会和网络环境，减少社会不良诱惑的影响。政府应该加大力度改善社会环境，减少突发事件发生的诱因。网络舆情是群体集聚的过程，努力解决集群行为背后的社会矛盾，营建和谐的社会文化环境是降低突发事件网络舆情出现的根本措施。第五，及时公开突发事件信息，防止网络造谣引起网民不理性行为。第六，发挥传统媒体的权威性，唤醒社会良知，构建理性精神。

　　舆情退潮阶段的引导策略有以下几种。第一，提升政府舆情危机意识。对政府相关工作人员进行网络舆情和危机管理培训，让他们充分了解舆情的正面和负面作用及给政府带来的机遇和挑战，让政府能够对网络舆情有全面深刻的认识。第二，提高政府面对网络舆情的反应能力。政府对网络舆情的干预和引导应该做到防患于未然。在舆情刚开始演化阶段，政府要做好相关的监督以及预警工作，秉持公平、公正、公开原则进行引导，和网民进行良好的信息沟通，确保网民和国家利益。

　　舆情防反弹阶段的引导策略，主要内容是拓宽舆情引导措施以及和网民的信息交流通道。政府和广大网民之间不能只依靠媒体传递和监督信息，而是应派遣专门的工作人员和突发事件涉事人进行沟通，第一时间掌握舆情引导效果和民众情绪，及时了解网民内心需求，以便调整舆情引导措施。政府要加强对网络舆情措施的解读，平息民众情绪，完美解决舆情事件。

　　网络舆情的表现形式多种多样，大致可以分为论坛评论、即时通信工具、网络新闻、微博、电子邮件等。其中，微博作为具有超强开放性和准入门槛相对较低的个人化媒体，自国内流行开来，从用户量和舆情的影响力等方面呈现出井喷式快速发展（李瑾萱，2018）。凭借众多优势，微博已经成为我国舆情的重要源头。《中国移动互联网发展状况及其安全报告（2020）》显示，截至2020年3月，我国手机网民规模达8.97亿。毋庸置疑，微博影响力已经渗透到人们生活的各个领域，网络舆情的传播也因此变得更加迅速。因此，针对微博的传播特点，舆情引导的形式和策略也进行了相应的改变。

　　以微博作为舆情的媒介，突发事件下微博舆情的引导策略主要包含了四个部分，即突发事件下微博舆情的快速反应机制、微博舆情的意见领袖、微博的议程设置和微博技术引导。

　　第一，突发事件下微博舆情的快速反应机制。研究者以微博舆论语料库作为参考，提出了以微博舆论危机为导向的快速的应急响应模型；通过算法来计算文字、句子和文件三个层面的微博的情绪强度，加入对微博案例的快速响应流程的研究，由此建立突发事件微博舆情快速反应模型（Kangqi Fan & Witold Pedrycz，2016）。

　　第二，微博舆情的意见领袖。在微博舆情发展过程中，意见领袖会影响微博用户和政府的态度，甚至会影响相关政策的制定与实施（Ge Tao & Xue Chuanye，2015）。网民的规模和公民的参与性有一定的联系。规模越大，网民参与也就越广泛。同样，公民的参与也加速了网络规模的扩大。面对日益扩大的网民规模，意见领袖将起到领导的作用，使网络世界更加有序，因此，深入分析意见领袖在微博舆情发展中扮演的角色及特点，能够更好地发挥其引导作用(Chang Sup Park，2013)。意见领袖能够在公共媒体上起一定的主导作用，进而说服民众理智对待所发生的事情(Meijman，2008)。

第三，微博的议程设置。研究发现微博的议程设置是监督和引导舆情发展的有效途径。与此同时，舆情公众情感主要集中在政府态度、社会财富和社会管理三个方面，可见政府的舆情占据主要地位；微博的议程设置是网民与政府交流的有效途径，能够逐渐加强政府在网民心中的公信力，减少民众对政府决策的质疑(DeZhi An & Yun Ke，2014)。

第四，微博技术引导。通过随机抽取部分科技网站的舆情热点进行分析，我们研究得出信息分类和网络信息自动抓取能够有效地对舆情发展进行预测，并为管理者的引导决策提供支持。

除此以外，无论是在何种媒介上进行网络舆情的引导，我们都应该遵循以下原则：针对性原则(陈少华，吴君，刘卓雅，2017)，主动性原则(战涛，赵嘉琦，2016)，不损害社会公共利益原则，传播事实真相原则，不损害公众话语原则(黄海军，颜陈，2015)，协调和疏导的处理原则。

综上所述，首先，舆论的引导需要与舆论的演变规律结合起来，从而结合相关的理论与方法，制定出相应的引导机制和体系，才能更好地引导舆论。对于具体的某一类突发事件亦是如此。比如，高校在突发事件中需要把握舆论在主体、客体和载体等方面的特点，从舆论的生成演变规律提炼出系统性引导策略，才能维持高校和社会的和谐稳定(姚江龙，魏捷，2012)。

其次，突发事件的舆论引导策略选择是舆论引导的重要内容。

突发事件的舆论引导需要从政府、媒体、公众等多个方面做工作，找方法（袁振龙，左袖阳，2013）。政府在突发事件中的舆论引导可通过健全机制和机构建设、媒体管理团队建设，掌握信息发布主动权，做好媒体的议程设置和发挥新媒体的作用等策略来进行（商建汤，兰晓胜，2015）。舆论引导策略要广泛地调动各个方面的力量和积极性，促进信息的传播和反馈，让民众对事件的发生、应对、解决、善后等情况有清晰的认识。通过正当的渠道传播的信息还能够填补信息真空，避免谣言等不实信息的传播。

最后，发挥微博在突发事件的舆论引导中的作用是舆论引导的一大方式。政府在舆论引导的方式上多种多样，微博是其中非常重要的一种方式。作为新媒体代表之一的微博，是崛起较早、用户比较活跃的一个公共信息发布平台。在突发事件发生后，通过利用官方微博、培养意见领袖、提高公职人员的媒介素养以及注重与传统媒体的有效互动等方法，微博的独特优势可以较好地引导舆论。

目前而言，互联网"微时代"使舆情信息传播出现了新的表现形式和传播特点，出现了圈层化、定制化、信息区别化、泛中心化等系列特征（周青，周迪，2019）。因此，新闻媒体开展舆论引导工作时面临的媒体格局、社会环境等都发生了较大的变化。为了适应新的信息传播环境，新闻媒体的舆论引导工作必须做出相应改变，确保舆论引导工作成效得以提升。从当前的媒介格局来看，互联网、新媒体的发展为社会大众带来了更加开放、自由的表达空间（赵志恒，2018）。在此背景下，网络舆情的引导策略也应该与时俱进，不断提升方法和途径，从而更好地发挥其作用。

5. 网络舆情引导的意义

舆情是一定时期内能够引发人们关注的焦点，是社会发展的产物。社会发展必然引发社会矛盾，随之舆论也应运而生（王虎，2018）。舆论是具有力量的，虽然舆论不可能代替实际权力行事，但对舆论的认同会影响人们的行为态度（郭光华，2000）。当民众的意见集合形成舆论之后，这种影响便形成了一股力量。

目前的状况表明，许多对社会不良现象的报道会给社会发展造成负面影响。因此，舆情引导和舆论监督就成为当前新闻舆论引导的重点。做好舆情引导和舆论监督工作意义重大。有效的舆论引导可以转变民众的态度，正确的舆论导向可以促进民众对突发事件真相的了解，进而有利于对突发事件的应对和解决。政府在应对突发公共事件时主要通过媒体进行舆论引导，新媒体的发展促成了舆论引导从单一转向多元，能更有效地消除社会风险，为人民群众解疑释惑，使其提高认识，化解矛盾，从而稳定社会，弘扬正气，推动工作。

总之，监管与引导舆情不仅可以平息公众的不满情绪，化解负面消极舆情，还可以将舆情引向正确合理的轨道，使得舆情朝着理性的方向发展，对事件的处置起到积极的作用。监管与引导舆情也可以维护国家政府机关公信力，能够促使舆情走向合法、合理的轨道，化解舆情危机，确保国家机关在民众心里的位置，粉碎小部分不良居心分子损害国家机关声誉的企图，捍卫国家机关的公信力。

6. 舆论改变

舆论，即公众舆论，自然就是公众的意见或者大家的意见（李普曼，2006）。舆论的形成是一个从酝酿到形成的过程。舆论是公众对其关切的人物、事件、现象、问题和观念的信念、态度和意见的总和，具有一致性、强烈程度和持续性，并对有关事态的发展产生影响（孟小平，1989）。从定义可知，舆论的主体是公众，并且舆论可以作用于引发舆论的事件本身和现实环境。而突发事件舆论，则是公众对突发事件的态度和意见的总和。当由突发事件引发的舆论作用于突发事件的时候，舆论便发挥其作用——影响公众的态度和认识、监督事件的发展和解决。良好的舆情引导能够使得舆论风向发生改变，使其更加符合事件发展的正确方向，从未引导前的激进和不明真相到引导后的理智思考和合理解决，这一转变不仅对舆情事件本身的解决有所帮助，更是能够营造良好的社会风气，使国家安定团结，社会和谐。

（二）态度引导及态度改变

在这一部分我们将从态度的定义、态度的特征、态度的基本功能、态度引导的理论模型、态度引导的策略、态度改变的定义、态度改变的阶段和态度改变的模型方面进行介绍。

1. 态度的定义

态度（attitude）是带倾向性心理的准备状态，是人们对特定的对象所持的一种稳定的评价和反应倾向（高凯，2009），故态度是一种评价性陈述，可以是赞同的，也可以是反对的（张旭东，2008）。简单来说，态度是对人、对客体或观念的积极或消极评价（格里格，津巴多，2014）。它是根据经验而系统化了的一种心理和神经的准备状态，对个人的反应具有指导性的或动力性的影响（王丽，2005）。

2. 态度的特征

内在性：态度是内在的心理倾向，是尚未显现于外的内心历程或状态。

对象性：态度总是指向一定目标，具有针对性，没有无目标的态度。态度的对象包括人、物、事件、观念等。

稳定性：态度一旦形成就会持续一段时间，不会轻易转变。

社会性：态度不是与生俱来的，而是通过后天习得的，因而态度具有社会性的特征，并不是一成不变的（俞飞，2013）。在一定条件下，既有态度在接受某一信息或意见的影响后，会发生相应的改变。

3. 态度的基本功能

第一，适应（adjustment）功能。它指人的态度都是在适应环境中形成的，形成后起着更好地适应环境的作用。

第二，自我防御（ego defense）功能。人们常说："怀有偏见的人往往是心理不健康的。"态度有时也反映出一个人未澄清的人格问题，如不明说的侵犯和生怕丧失身份等。态度作为一种自卫机制，能让人在受到贬抑时保护自己。

第三，价值表现（value express）功能。在很多的情况下，特有的态度常表示一个人的主要价值观和自我概念。

第四，认识或理解（knowledge or understand）功能。一种态度能给人提供一种作为建构世事手段的参照框架，因此它能引起意义感（章志光，2008）。

4. 态度引导的理论模型

对态度的引导实际上是为了使受众相信并且按照这种行为方式行事（津巴多，利佩，2007），具体而言也就是对人进行说服，在过去的几十年中主要形成了以下几种态度引导的说服模型。

（1）霍夫兰德态度改变模型

美国心理学家霍夫兰德（Hovland）把改变态度看作信息交流的过程（董巍，2009），并基于此于1959年提出了一个标准的态度改变模型，如图6-1所示（高凯，2009）。

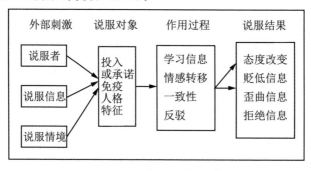

图 6-1   霍夫兰德态度改变模型

　　分析这一模型，可以看出，外部刺激、说服对象、作用过程和说服结果构成态度改变的四个基本要素，其中说服者、说服信息和说服情境构成了态度改变的外部刺激。在态度引导的作用过程中，说服者首先要学习信息的内容，在学习的基础上发生情感转移，把对一个事物的感情转移到与该事物有关的其他事物之上（郭毅然，2007）。由于学习能力存在差异，往往导致不同个体对同一事物产生不同态度，而说服者、说服信息、说服情境和说服对象从根本上决定了信息学习的内容，因而态度改变是一个系统反应过程，需要相互联系的各个组成部分（要素）共同作用（王平，范秀成，张建军等，2017）。

　　（2）精细加工可能性模型

　　精细加工可能性模型描述人们有多大可能将他们的认知过程集中在精心考虑说服性信息上（潘月，2016）。该模型认为说服有两条路：中枢路线和边缘路线（唐杰，2010）。人们是采用中枢路线还是采用边缘路线，主要有两种决定因素：①受众对信息的动机——他们是否愿意并且仔细地思考说服性内容，认真思考时更倾向于采用中枢路线；②主题与受众的个人关联性——这个主题对人们的生活品质很重要，个人关联性越高，人们就越会专心聆听说服的内容，因而就越可能采用中枢路线（吴国庆，陈丽玫，2008）。

　　中枢路线：人们仔细思考说服性的共同意见，所以态度改变与否取决于论点的强弱。也就是说，当人们愿意拿出时间来考虑外界传递的信息时，信息内容的说服性强弱是改变受众态度的决定性因素。在这一情境中，接收者会对信息进行深入思考，由此形成的态度较持久，能够预测未来行为。

　　边缘路线：人们不怎么集中精力关注信息，而是对情境中的表面线索做出反应。在这一情境中，接收者更多受情感支配，形成的态度相对短暂。相对来说此时使用某些信息进行态度引导，效果不会十分显著，即使有所改变也是暂时的，在之后并不一直稳定保持这样的态度。

（3）内隐—外显双过程模型

该模型认为态度的评价成分是对刺激的直接情绪内在反应，在记忆中表现为联结，并可以通过命题表达（我喜欢/不喜欢 X），对态度的内隐测量是基于联想过程（associative processes），而外显测量是基于命题过程。其区分了态度及其改变的内隐和外显过程（卢剑，肖子伦，冯廷勇，2017）。

联想过程是指刺激直接激活态度（评价联结），这一过程是自动发生的，符合态度的内隐测量定义。而命题过程是指对激活态度评价命题的主观判断，受判断逻辑一致性的指导，评价命题要与其他相关命题一致，才能被判断为真，最终表现为态度的外显测量。两个过程间最重要的差别在于：联想过程只是态度评价联结的激活，不管激活态度是否正确，而命题过程依赖对态度命题正确与否的主观判断。

（4）自我说服的态度引导模型

态度的改变有时能够通过自我说服（self-persuasion）来达到。在自我说服的过程中，个体构建自己的性格、思想和对情境的反应。个体实际上创造了一个令人信服的形象，并且也让自己相信了这个角色的一些观念和情绪（吴国庆，陈丽玫，2008）。

自我说服比从他人那里接收信息具有更强的影响力，这是一个渗透的问题。自己创造的观念和情感将会使这些观念和情感变得更明显，更具有个人相关性和更令人难忘（Greenwald，1968）。因为个体通常知道自己会采用什么样的防御技巧来维护一个特定的态度，所以个体处在了抨击这些观念和情感的最有利位置上——从内向外。同样，当主动进行角色扮演时，个体就全神贯注于形成这一角色的观念中。

(5)睡眠者效应的态度引导模型

睡眠者效应(sleeper effect，SE)最早由霍夫兰德等(Hovland Lumsdaine & Sheffield，1949)提出，是指在态度改变过程中，劝说效果随着时间的推移，不是降低，而是增强的一种现象。睡眠者效应的研究涉及记忆、认知、态度改变以及态度改变的时间效应等诸多方面。

睡眠者效应是对态度改变的时间效应中一种现象的描述，其中涉及的几个基本概念可概括为：两种信息、三个测试。两种信息是指劝说信息(message)和折扣线索(discounting cue)。劝说信息是试图改变受者对某一对象的态度的信息；而折扣线索是可明显地暂时抑制劝说信息的说服效果的信息，可能是有关信息源的信息，也可以是直接对劝说信息进行批驳的新信息。三个测试是指在睡眠者效应的检测中，可能会在三个时刻对劝说信息的劝说效果进行测查，其中包括：前测(pre-measure)，在给予被试处理之前(t0 时刻)，对被试进行的态度测查；后测(post-measure)，在给予被试处理之后(t1 时刻)立即进行的测试；延迟测试(delayed-measure)，在给予被试处理相当长一段时间后(t2 时刻)进行的态度测试(张朝洪，凌文辁，方俐洛，2004)。

(6)社会比较的态度引导模型

社会比较的态度引导模型是美国社会心理学家 L. 费斯汀格(Leon Festinger)于 1954 年提出的一种关于自我评价的理论。他认为个体都具有一种估价自己的驱动力，在缺乏客观的、非社会标准的情况下，便会以他人作为比较的来源与尺度，通过对比来估价自己的态度、能力和反应的适宜性。费斯汀格指出，当涉及个体的情绪和情感时，很难有客观的标准去说明一个人的情感是否适合一种情境，他人的态度、情绪等表现就成了信息的唯一源泉，即个体的任何情绪反应的合适程度，都可以通过其他人提供的信息来确定。

当我们通过社会比较来评价自己的态度正确性时，我们的观点就可能被说服而改变。

（7）首因效应与近因效应的态度引导模型

首因效应也叫"第一印象"效应。这一最先的印象使个体对他人的社会知觉产生较强的影响，并且在自己的头脑中占据着主导地位。这种先入为主的第一印象是人的普遍的主观性倾向，会直接影响以后的一系列行为。这说明先期呈现的信息比后来呈现的信息有更强的影响效果。研究发现，当接受相反信息与态度测量之间有一段时间延迟时，首因效应通常发生作用（Miller & Campbell，1959）。

近因效应即最新出现的刺激物促使印象形成的心理效果。当接收两种信息后，人们更倾向于选择接受第二种信息，此时近因效应在态度引导上发挥作用。

5. 态度引导的策略

不同的态度引导模型提供了不同的态度引导策略，每一种模型下的策略都有其适用范围，在进行态度引导时需要根据实际情况选择合适的态度引导策略。

（1）基于霍夫兰德态度改变模型的引导策略

根据霍夫兰德的研究，说服预期的达成并不是简单地取决于说服者的主观愿望，而是至少受到四方面因素的制约，即说服者、说服对象、说服信息和说服情境，其中说服者、说服信息和说服情境是说服主体可以主导和控制的因素，在态度改变过程中发挥着十分关键的作用。此外，说服对象自身的属性如心理卷入程度、心理免疫系统和人格特征，以及社会人口经济特征、人际传播网络等因素都会影响说服效果（张志坚，2018）。下面对受这四个因素制约的具体的态度引导策略进行简单的介绍。

从说服者角度出发。

第一，注重说服者的个人魅力。著名政治家、思想家马克思指出，如果你想感化别人，那你就必须是一个实际上能鼓舞和推动别人前进的人(马克思，恩格斯，1979)。因此，说服者要增加自己的认知经验，增强自己的人格修养等，提高自己的受欢迎程度，这样更容易具有高说服力。

第二，说服者需保持中立。说服者的立场会直接影响说服效果。如果说服者站在为了工作、为了任务的立场上，则他所提供的信息影响力就小，因为人们会怀疑其沟通的动机。如果说服者的立场是无私地帮助说服对象，非常真诚地、客观地对待沟通信息，则会产生比较大的影响。说服者一定要把握住，不要带有任何偏见去做说服工作(高凯，2009)。

第三，弱化说服的目的性。如果说服对象认为说服者刻意影响他们，就不易转变态度；但如果他们认为说服者没有操纵他们的意图，心理上没有阻抗，对信息的接受就较好，易于转变态度。也就是说，说服者不要表现出很强的目的性，要力争让说服对象自己主动改变态度，潜移默化地接受。

第四，把握说服的尺度。学会倾听，全面了解问题，寻找合适的切入点。

第五，提高说服者的可信性。可信性包含两个因素，分别是传播者的信誉和专业权威，前者指是否诚实、客观、公正等品格，后者指传播者对特定问题的发言资格。

从说服对象出发。

第一，了解说服对象的人格特征。依赖性较强的说服对象信服权威，比较容易接受说服；自尊水平高、自我评价较高的说服对象不易转变态度。社会赞许动机的强弱也是影响态度转变的因素，高社会赞许动机的说服对象易受他人及公众影响，易于接受说服。

第二，遵循说服对象的心理规律。在面临转变态度的压力时，个体的逆反心理、心理惯性、保留面子等心理倾向会使其拒绝他人的说服，从而影响态度转变。人们通常利用一些自我防卫的策略来减少说服信息对自己的影响，如笼统拒绝、贬损来源、歪曲信息、论点辩驳等。因此，要顺应相关的心理规律，在说服时循序渐进。

从说服信息出发。

第一，比较信息差异量。任何态度转变都是在说服信息与说服对象原有态度存在差异的情况下发生的。研究表明，当这种信息差异较大时，引发的态度转变量最大；这种差异适中或较小的时候，引发的态度转变量最小。所以，在具体说服过程中要选择合适的说服者，要和说服对象具备一定量的认知信息差异，这样才能取得说服效果。

第二，选择合适的信息面。社会心理学从信息本身产生的效果角度将信息分为两类，即单方面信息（正或反）与双方面信息（正和反；张波，崔文卿，2007）。因此说服者在进行说服时选择的内容要有针对性，善用"一面提示"与"两面提示"的说服技巧。

第三，合理利用畏惧性信息。信息如果唤起人们的畏惧情绪，一般来说会有利于说服。但是，如果畏惧的尺度把握不好，容易引起说服对象的心理防御，以致否定畏惧信息本身，结果会使态度转变较少。研究发现，中等强度的畏惧信息能达到较好的说服效果。

第四，说服信息的传递方式。一般来说，口头说服比书面说服效果好，面对面的沟通比通过大众传媒沟通效果好。因为面对面交流时，除了沟通信息本身，还有一些辅助的支持性信息参与了说服过程。

从说服情境出发。

第一，预先警告。它有双重作用。如果接受者原有态度不够坚定，对态度对象的卷入程度低，预先警告可促使态度转变。如果态度与接受者的重要利益有关，那么预先警告往往使其抵制态度转变。

第二，环境强化。在说服时，有意创设一种温馨、和谐、令人愉快的氛围，会使说服性信息由于这种环境作用而被积极肯定，从而增加其影响力。

第三，分散注意力，即"分心"。在说服过程中，如果能够巧妙地运用注意分散规律，有意识地分散说服对象对某些沟通信息的注意，将会减弱接受者对说服者的防御和阻挠，从而促进态度转变。

第四，说服信息重复，即"强化"。说服信息重复频率与说服效果呈倒 U 形曲线关系。中等频率的重复，效果较好。

第五，诉诸理性。通过冷静地摆事实，运用理性的力量来达到说服的目的。

第六，诉诸感情。营造某种气氛来感染对方，以谋求特定的效果。

（2）基于精细加工可能性模型的引导策略

第一，增强说服内容与个人的关联性。当事件与人们密切相关时，人们会注意引导信息的内容，而且会根据论据的强弱决定说服的程度；当事件与个人关系不密切时，人们就不太会关心论据，相反，他们会采用一种周边线索，如权威人士是值得信赖的（阿伦森等，2007）。

第二，提高事件卷入度。事件卷入度指说服性信息对个体的重要程度，具体而言是指信息主旨与重要价值观念（如平等、自由等），当前的目标和事件结果等关联程度（Loukusa，2008）。早期研究已经表明事件卷入度可以影响信息接收者的动机并去处理某一事件的相关信息（Angeleri & Airenti，2014）。当个体的自我卷入程度高时，其处理信息的动机水平也较高。事件卷入度高时，个体采用的是精细加工，态度比较稳定，产生的仍旧是与原有态度一致的认知反应；而事件卷入度低时，态度容易改变，产生较多的与说服信息相同的认知反应，即思维偏好不同。

（3）基于内隐—外显双过程模型的引导策略

这一策略提供有关态度对象的新命题。在典型的说服情境中，个体通常会接触到与其原有态度评价命题不一致的说服信息,这些信息为受众形成态度判断提供了新的相关命题,个体为避免认知不协调,可能会接受说服命题信息,拒绝原有态度。

(4)基于自我说服的态度引导策略

这一策略让说服对象参与说服信息的创作或主动创造引导信息。当个体参与引导本身时,其态度会更倾向于接受积极肯定的方面,主动创造的信息能够引起心智投入,投入后产生的认知反应是难忘的,并具有良好的态度引导作用,可以使得态度发生改变。

(5)基于睡眠者效应的态度引导策略

这一策略提升信息内容的引导性。研究表明,态度改变的基础随着时间的推移发生了变化。在立即测试时,个体的态度受信息来源和信息内容的影响,而经过一段时间之后的测试中,态度主要受信息内容的影响,而不受信息来源的影响,虽然个体还记得信息来源(Pratkanis & Greenwald,1988)。也就是说,随着时间的推移,信息内容和信息来源进行了分离,所以如果考虑态度引导的时效性,在设计引导信息的内容时应该精心选择,保证其专业性和合理性。

(6)基于社会比较的态度引导策略

第一,提出相似个体的存在。在对个体进行说服的时候,提出与其观点相似的个体的存在,能加强其态度。这是因为我们似乎更倾向于和那些与我们相似的人进行观点比较。

第二,曝光不同观点者,使其相互比较。当某一观点是一个事实,而不是评价或者偏好,或我们担心自己的看法不妥当时,我们也会与相异的人进行社会比较。在此情况下,当我们对个体进行说服的时候,可以把不同观点者进行曝光,让其比较,进而做到态度的改变。

(7)基于首因效应与近因效应的态度引导策略

根据时间延迟选择态度引导信息出现的顺序。当接受相反信息与态度测量之间有一段时间延迟时，首因效应发挥作用；当接受相反信息后立即接受态度测量时，近因效应发挥作用。

（8）其他的态度引导策略

互惠规范。当某人为你做了一些事情，你也应该为他做些事情。通常这种技巧会让你陷入一种非常受煎熬的心理当中，这种情景我们经常会在推销活动中看到，但在大众传播中也能见到。公益电影、电视节目或者新闻报道经常表现出一种牺牲精神，这种精神会让我们产生一种我们也应该这样做的心理，有些受众就会受到节目的影响加入公益活动当中。

承诺，也被称为"登门槛技巧"。那些接受比较小的请求的人更有可能接受较大的请求。当出现与受众价值观差距大的信息时，他们会很难接受；当出现一种差距小一点的信息时，他们会更容易接受，然后可以逐步深入。比如，当顾客因为价格相对便宜答应买下一辆汽车并开始办理手续时，销售人员会在其他一些可选项上加价，此时很多的顾客依然会购买。这种策略就让销售员成功卖出了汽车。

稀缺。这是一种很普通的心理现象。人们讨厌自己得不到某种东西的感觉，或者说，他们喜欢自己有而他人没有的感觉。所以，无论是电视节目还是新闻报道，都喜欢做独家，一是为了与其他媒体竞争，二是为了满足人们的这种稀缺心理，尤其是一些罕见的消息，非常容易得到受众的青睐。

6. 态度改变的定义

态度改变是指在一定的社会影响下，一个已经形成的态度，在接受某一信息或意见的影响后所引起的相应变化，其本质是个人的继续社会化（张淑华，朱启文，杜庆东等，2007）。

7. 态度改变的阶段

根据凯尔曼的观点，态度的改变可以分为三个阶段，即服从阶段、认同阶段和内化阶段（植凤英，2004）。旧有态度经过三个阶段之后，会转化为新的态度，引导的效果也就达到了。

第一个阶段是"服从"，即个体由于担心受到惩罚或想要得到预期的回报，表面接受他人的观点或采取与他人要求相一致的行为。这一阶段是价值认知和内化的低层次水平，是态度形成的开端环节（曹顺，2017）。

第二个阶段是"认同"，即个体在认知、情感和心理上认为他人是正确的，自觉自愿地接受他人的观点、信念、态度和行为，并有意无意地模仿他人，使自己的态度与他人的要求一致（方元务，钟玉海，2003）。认同的出发点和落脚点都是"与他人的要求一致"，因此，在本质上是对榜样的模仿。认同的愿望越强烈，对榜样的模仿就越主动。认同阶段态度改变与形成的主要影响因素不再是外在的压力，而是源于说服对象的自觉，因而表现出一定的主动性和稳定性。

第三个阶段是"内化"，即个体自愿地认可和接受他人的观点、信念与行为，使自己的态度和行为逐渐与他人的态度和行为接近，并将自己认同的思想、观念和规范纳入自身的认知框架和态度体系中，成为自身价值体系的有机组成部分。在内化阶段，由于解决了外在规范和内在价值体系的矛盾和冲突，当个体外在的行为表现与内化了的态度一致时，会感到愉快与满足；而当行为表现与内化了的态度相冲突时，则会感到遗憾和内疚（曹顺，2017）。这一时期，新生成的态度已经成为个体意识的一部分，不易发生改变，因而对规范的遵循表现出高度的自觉性和主动性。

8. 态度改变的模型

（1）认知失调理论

认知失调理论最早是由费斯汀格提出来的，是研究人的态度变化过程的社会心理学理论。他认为，每个人的心理空间包含多种多样的认知因素，如观念、信仰、价值观、态度等许多方面。随着当前社会活动的内容不同，各种认知因素之间会存在三种关系，即协调、失调和不相关。当认知因素产生失调状态时，人们可以通过改变或者增加新的认知元素来调整这种状态，达到认知协调。

（2）认知平衡理论

认知平衡理论是在 20 世纪 40 年代中期由美国社会心理学家 F. 海德提出的一种关于认知结构、过程和变化的理论。他把认知过程分解为认知要素，由此构成一个认知系统。当认知系统出现不平衡、不一致时，认知主体会产生一定的心理压力，驱使自己设法恢复认知平衡量。海德虽然也从认知角度探讨态度变化，但他更重视人与人之间的相互影响在态度转变中的作用，即重视中间人或传递者对态度改变的影响。

（三）行为引导及决策改变

这一部分我们将从行为的定义、行为引导的定义、行为引导的理论、行为引导的策略和决策改变方面进行介绍。

1. 行为的定义

行为是指有机体在各种内外部刺激影响下产生的活动。为了明确行为的概念范畴，首先要确定行动的概念范畴，以便将行为与简单的生理运动、动作过程区别开来。行动的概念可分为狭义的和广义的两种。若将行动作为行为的一种，则这只是指由行为的一系列随意运动与自动化所组成的指向一定目的的行为，这一概念我们可以将之称为行动的狭义概念。另外，如果将行动这个词分为"行"和"动"两部分的话，我们就可以得到一个广义的行动概念（郭军，2009），包括"行为"和"运动"两个部分。这其中的行为则包括意志行为（无明确动机的行为）、潜意识行为（无明确动机但有明确目标的行为）和娱乐消遣行为（有明确动机但不愿受意识管控的行为）。

除此以外，美国知觉心理学家詹姆斯·吉布森在 1979 年首次提出"行为引导"的理论。在这一理论中，研究者对行为的定义更倾向于强调是由于人类自然而然产生的活动，主要包括个体的下意识行为、无条件反应行为和条件反应行为等（王瑞，姚望，2019）。下意识行为是人不自觉的行为趋向，是无须做出任何努力自然流露的客观行为，甚至是自己主观无法控制、无法掩饰的行为。无条件反应行为就是反射行为，是一种不需要学习的，属于人类生理"自然而然"的反应行为，如膝跳反射行为。条件反应行为是在生活中日积月累的学习或经历体验在我们生理或心理上留下的匹配反应行为。比如，很多人总是不经意就把垃圾丢在自行车车筐里，其行为根源就在于条件反应行为。车筐的高度与开口形状和我们长期接触的用来丢垃圾的垃圾桶的高度及开口形状相似，于是我们会不经意地把车筐与垃圾匹配在一起。

2. 行为引导的定义

为了达到引导者特定的利益或意图需要，引导者通过有意识地介入或干预，促使某人或某个群体做出相应的行为选择。

3. 行为引导的理论

（1）理性行为理论

理性行为理论认为行为由行为意向决定，而行为意向主要受个体所持有的态度和主观标准影响（Fishhein，1975）。个体所持有的态度主要由个体的收益信念和感知结果决定；主观标准则是个人在社会生活的过程中，形成的对客观事物的判断标准，由个体的规范信念决定。一个人对某种行为的态度与行为意向是呈正相关的：态度与主观标准越正向，个人的行为意向也会越强，越有可能做出这种行为。故在一般情况下，行为意向能准确预测行为。该理论的一个必要前提是：人是完全理性的，是有能力控制自己的行为的，但是由于在现实生活中，人们掌握的信息往往是不全面的、不充分的，很难形成准确的行为意向，所以这一必要前提在很多时候是不能成立的。

（2）计划行为理论

计划行为理论重点阐述了个体在不能完全控制行为的情况下，态度、意向和行为之间的关系。计划行为理论在理性行为理论的基础上，增加了一个影响行为意向的变量——感知行为控制。感知行为控制是指个体感觉到完成某项行为的难易程度，即个体感知到的完成某项行为所必需的条件和资源的丰富或缺乏程度。它主要受感知控制和感知便利的影响。感知控制指感知完成某项行为所必需的机会和资源存在或缺乏的程度；感知便利指个体对完成该项行为所必需资源的重要性评价，即个体认为他们拥有的资源和机会越多，他们对行为的控制力就越强。这样感知行为控制既可以通过影响行为意向进而影响行为，也可以直接影响行为。因此它在计划行为理论中占据非常重要的地位。

计划行为理论与理性行为理论有一定的相似性，但是其扩展了理性行为理论无法满足的条件，包括对某一特定行为所需资源和机会的控制的认知，提高了行为预测能力。

4. 行为引导的策略

由于行为的引导和决策的改变受到态度等多方面的影响，所以行为引导的策略包括对态度引导的策略，简单而言可以分为以下五种引导策略。

权威：人们更倾向于听取和服从那些处于权威地位的人，具体而言即专家、某个领域的顶尖学者、领导者等。

承诺：如果人们承诺通过口头或书面形式达成一致，那么他们更有可能采取实际行动。

共识：当人们不确定采取某种行动时，他们会根据周围的人的选择做出决定。

互惠：人们倾向于回报曾对他们提供帮助的人。

稀缺：产品越稀少，人们越想得到它。这意味着，如果人们被告知很难获得某产品，那么人们更有可能渴望得到该产品。社会心理学表明，失去是一种比得到更强烈的感情，因此人们更想得到那些他们认为他们不能拥有的东西。

5. 决策改变

决策是指组织或个人识别机会与问题，为达到一定的目的，从两个以上的备选方案中，依据一定的准则选择出一个方案，以解决问题或利用机会的过程。决策的改变则在于原先选择方案 A，但后来经过引导，转而选择方案 B 的行为结果。

（四）小结

这三种类型的引导和改变并不是完全对立或者独立的。例如，网络舆情引导所产生的改变并不能仅仅归结为舆论的改变，其中涉及人们在网络上发表言论的行为，以及对事件本身的态度等改变，其改变是相对比较复杂和多样的。与此同时，心理学研究表明态度对个体的行为具有重要的影响。态度是外界刺激与个体反应之间的中介因素，个体对外界刺激做出的行为反应受到态度的调控（李长秋，2006）。

因此，对于个体的引导是综合性的，其引导的效果受到多方面的影响。

二、基于认知需求水平的微博用户自动分类

认知需求是人类的需要和动机之一，是一种重要的心理特征，泛指个体对事物追寻、认知、了解的内在动力，如求知欲、好奇心等。人需要满足需要，特别是最高级的自我实现的需要。一旦认知需求受阻，人不但难以有所作为，而且会处于变态心理状态，失去

健康和人生价值。

微博作为目前网络上大量信息的载体，其重要性日益凸显。对微博用户进行分类能够帮助我们监测相关信息的产生与传播，同时也能够更好地管理信息传递的方式和途径。通过从认知需求角度讨论信息用户的信息行为，可以对用户在交互过程中更多的认知活动及现象做进一步的理论阐释(付秋林，2015)。

(一)认知需求

认知需求(need for cognition，NFC)是一种个体参与，努力思考和认知的内在动机。认知需求作为一种认知动机，主要衡量的是个体在信息加工过程中是否愿意进行周密的思考，能否从深入的思考中获得享受(Cacippo & Petty，1982)。

认知需求是个从高到低的两极变量，在很大程度上影响个体组织、提炼和评价信息的广度和深度。

高认知需求者在理解世界上的刺激、关系和事件时，倾向于探寻、思考和如实反映信息，他们更喜欢搜索和了解信息，对信息进行深入思考和精细处理，享受认知思考活动。也就是说，高认知需求者对信息进行精细加工的可能性比较高。与此同时，高认知需求者会对信息采用逻辑方式加工，那么以事实为依据的信息会对高认知需求者有较大的影响(刘青，2016)。

低认知需求者会更多依赖于其他人(如名人或者专家)、启发式认知或者社会比较过程，他们倾向于回避认知思考活动，更少对信息进行仔细思考，面对复杂的认知活动时往往产生游离状态。也就是说，低认知需求者对信息进行精细加工的可能性比较低，他们的态度更容易受到信息外围线索(比如，信息传播者是否是权威专家)的影响。低认知需求者会对信息采用感性方式加工，以情感为依据的信息会对低认知需求者产生较大的影响。

认知需求影响着人类行为的很多方面。

网络使用与再访（Kaynar，2008）。不同认知需求水平的人对网络使用及喜好不同，这为优化网站设计奠定了基础。

信息搜寻行为（郭喜红等，2014）。高认知需求水平的个体倾向于努力探寻、合理地选择信息，判断其权威性、可靠性、新颖性以及可获取性，并且积极努力检索想要的信息，在检索过程中随时调整检索策略，趋向于进行全面系统的检索。认知需求水平相对较低的个体在探寻时只关注拟解决问题相关的信息，趋向于依赖已有的信息从而付出较少的努力（徐洁、周宁，2010），对信息的评价和判断趋于根据外部线索，使得其搜寻到的结果过于泛化，不能针对性地解决当前问题。

信息接收过程（Dai Qi et al.，2010）。研究发现，双面广告中高认知需求者有更高的获得信息的动力，并且态度比低认知需求者更加理性和复杂；相反，低认知需求者缺少获得信息的动力。对于高认知需求者，双面广告比单面广告更有益。

信息处理过程（Ya Hui et al.，2009）。研究发现，不同认知需求的人在处理简单与复杂的信息时有不同的倾向，并且随着认知需求的增加，人们更有可能处理复杂的信息而不是简单的信息。总之，信息复杂性对不同认知需求的人的影响是不同的。

信息用户个人成绩（Alex & Oliver，2009）。认知需求与自我控制能力是有关联性的。在这个基础上得出自我控制能力在认知需求与学习成绩之间起到中介作用。

除此以外，认知需求与复杂问题的解决（Unnikrishnan & Rannarayan，2000）、学习功效（Gülgöz，2001）、消费行为（陈羽屏，王彦，钟建安，2012）和创造行为（张晋萍，2004）之间都有着紧密的联系。

综上所述，认知需求作为人类重要的心理特征之一，能够在相对较大的程度上影响人类的行为，尤其对于用户行为的影响最值得关注和研究。

(二)微博用户自动分类

对微博用户的自动分类主要是根据微博用户发布的微博，采用文本自动分类技术识别微博的内容，从而将其归入相应的类别中。

从 20 世纪 50 年代开始，国外学者已经开始对文本自动分类这一技术进行研究，词频统计这一思想被引入文本分类中(Luhn，1958)。在此之后，研究者对自动分类的可行性进行探索，从早期的手工分类方法，即知识工程到现在基于机器学习的方法，用户的自动分类变得更加精准有效。

在此之后，很多学者对分类算法设计和特征降维这两个文本自动分类中的重点问题进行研究，并且取得了重要的突破和进展，此后相继提出了众多的分类方法、特征抽取和选择方法。目前，卡方检验、文本证据权、互信息、期望交叉熵、信息增益和文档频数等特征选择方法已经比较成熟。

基于规则的方法、基于连接的方法和基于统计的方法是现在分类技术中主要采用的三种方法。

基于规则的方法是一种需要有人来参与和操作的方法，这种方法对于参与人员有很高的要求，尤其是该人员的知识可读性和可理解性。而在规则之间的相容性和不确定事件的描述性上，这种基于规则的方法存在重大的缺陷，虽然有种种不足，但是有些统计上不能解决的问题却可以由基于规则的方法来解决。决策树(Lewis，1994)是现在常用的基于规则的方法。

基于连接的方法是一种希望像人脑一样思考而产生智慧的方法。这种方法模拟人脑的神经网络，因此也被称为人工神经网络方法(Wiener et al.，1995)。该方法的特点是具有良好的容错性，能够全局并行处理并分布式地存放信息等。但是机器很难理解这种知识结构，因为其是使用人工神经网络进行学习的，适用于非线性学习方法。

基于统计的方法是建立在经验的基础上的方法，是基于概率的非确定性的方法。知识的高覆盖率和高一致性可以通过对大规模语料库分析得到，提高了对语言处理的可靠性并提供了客观的数据依据。支持向量机(Cortes & Vapnik，1995)、Rocchio 算法(Moschitti，2003)、K-近邻分类(Dasarathy，1990)和贝叶斯分类(Lewis，1998)是常用的基于统计的方法。

(三)研究应用

目前，通过文本分析技术对微博用户的微博内容进行识别后，可以进行风险监测和干预。例如，对于自杀风险和家庭暴力等，其是一种良好的心理监测手段。

1. 自杀风险

自杀不仅是个人行为，更是一种严重的公共健康问题(阚双余，郑小方，2013)，会引发一系列的消极后果。自杀风险的预测不仅仅是针对已经发生自杀行为的特殊群体，而且通过对普通人群的研究，发现有高度自杀风险的特殊群体，从而实现对自杀的预测和有效防止。

近年来，伴随着互联网的飞速发展，越来越多的网络用户在社交网络上抒发个人情感。研究表明，论坛、微博等社交媒体已经成为探索发现自杀者的新领域(Cheng et al.，2012)。因此，针对互联网数据的自杀预测研究将可以把自杀处理的被动式危机干预变为主动式危机干预，从而建立以互联网为背景的自杀防线(田玮，朱廷劭，2018)。

研究应用：在满足条件的微博用户中，使用与自杀相关的关键词(如自杀、想死等),采用专家分析法筛选出含有自杀意愿的微博,识别社交网络上用户的自杀意愿,为此类用户推送相关微博内容,并提供人工私信支持,从而预防自杀行为的发生。

2. 家庭暴力

家庭暴力(domestic violence,DV)以身体暴力和精神暴力的形式不同程度地存在于世界各地的家庭之中,对个人、家庭与社会均带来许多不良影响。

研究以社交网络平台为自然实验的载体,利用基于微博大数据的心理计算模型,对微博用户首次报告遭遇家庭暴力前后的人格、抑郁水平、自杀意念、心理幸福感及生活满意度进行计算,以具体分析家庭暴力短期内对受害者心理的影响(刘明明,焦冬冬,赵楠等,2016)。

结果显示,在首次遭受家庭暴力后半年内,受害者的人格中的神经质得分显著提高。此外,家庭暴力发生的短期内,对受害者的抑郁、自杀可能性、心理幸福感及生活满意度均有显著的消极影响。

(四)小结

根据认知需求对微博用户进行分类,可以使微博推送的信息更加有针对性和有效性,同时根据用户发布的微博内容,我们也能够监测和对不良事件进行预警,从而维护网络环境的和谐,对于那些存在潜在心理风险的用户也能够及时提供帮助,进行相应的疏导,帮助他们调节和维护心理健康。

三、针对不同类别干预对象的有效信息设计

信息设计的有效性依赖于对干预对象特征的分析,因此针对不同类别的干预对象应当有与其相对应的引导策略,从而更加高效地

完成引导和改变。人格、自我构念和认知需求作为重要的心理特征可以将干预对象划分为不同的类别。除此以外，情绪作为一种重要的心理状态也会影响干预对象对说服策略的接纳程度。基于此，分别研究不同人格、不同自我构念、不同认知需求和不同情绪的干预对象适用的说服策略，从而设计出有效的引导和干预信息。

(一)大五人格和说服策略

人格作为一种相对稳定的心理特征可以反映一个人某个时期的状态，可以作为划分干预对象的良好分类标准。

其中大五人格的应用最为广泛，人格心理学家进行了大量研究，虽然研究者对五个因素的最佳解释有争议，在一些因素的分子水平上也有不同的划分，但是在宏观上得到了跨文化普遍存在的五个最重要的人格特质模型。这五个因素包括外向性(extraversion)、宜人性(agreeableness)、尽责性(conscientiousness)、神经质(neuroticism)和开放性(openness)。

第一，外向性描述了一个人对人际关系互动的卷入水平与活动水平、主导地位、社交性、表现力和积极情绪，包括热心、慷慨、自信、主动、积极、活跃等特征。外向性高的人表现出精力充沛，对人热情，可能喜欢和其他人逗趣，或是喜欢和他人一起聊天、玩耍。他们喜欢和别人在一起，寻求刺激和关注，容易有积极的情绪。外向性低的人在社交中比较含蓄，面对生人可能会紧张，表现出羞怯和拘谨，可能会给人以安静或者冷淡孤僻的印象。他们大部分时间都喜欢独处，尽量避免噪声和风险；他们通常谨慎，不太容易激动，享受慢节奏的生活。

第二，宜人性的主要特征是亲和力，对他人所持的态度，以及共情与关心他人，渴望得到他人认可的倾向，包括利他、温柔、信任、坦诚、依从和谦虚等特征。宜人性高的人乐于助人，对人宽容，待人友善，体谅他人并喜欢合作。他们对人性更积极，更富有同情心，更值得信任，更宽容，更体贴，更慷慨，更包容。宜人性低的人可能有过强的自尊心，表现出喜欢挑人错误，对人粗鲁，并且常常与人发生争吵。他们不太关心他人的利益和善良，而是更关心现实和公正；他们不容易妥协，尤其是与他们的目标相关的时候。对于某些职位，不需要有很高的宜人性，如科学家、批评家、士兵等，他们需要严格、客观地判断。

第三，尽责性描述了坚持任务和对非目标行为冲动控制，是控制、管理和调节自身冲动的方式，包括竞争、有序、成就、义务、自律、缜密等特征。尽责性高的人做事计划性强，有效率，在他人眼中是可信赖的。高度的责任心来自对自我能力的自信、责任感、追求成功和非凡、可靠性、合理性。他们更喜欢制订计划，有条不紊地做事，即使工作单调、困难，他们也会努力完成工作。尽责性比较低的人可能做事比较粗心，容易分心，缺乏条理。他们的成就动机低，组织性差，责任心低，自律性差。

第四，神经质与情绪的稳定性相反，反映个体情感调节的过程，对负性情绪的感知，调节能力以及情绪的稳定水平，包括焦虑、愤怒、抑郁、自我、冲动、脆弱等负面情绪特征。神经质维度高的人可能常常表现得忧虑，表现得喜怒无常。这些人往往具有很多不切实际的想法和过高的要求，时常经历愤怒、焦虑、抑郁等负面情绪。神经质低的人常常是放松和情绪稳定的，并且有能力应对压力。

第五，开放性描述了个人精神和生活体验的广度、深度和复杂性，对新事物、新观点的容忍或接受程度，包括幻想、艺术、感觉、创新、兴趣、价值等特征。开放性高的人具有独创性，善于创造，有活跃的想象，易于接受新的思想，对许多不同的事物保持好奇，乐于尝试新事物，敏感，求知欲强，并且常常对艺术和美保持敏感与渴求。他们欣赏自然和艺术之美，关注自己的内心感受，积极思考。开放性低的人更加倾向传统，喜欢从事常规性工作，不喜欢不确定性。

在几十年的时间里衍生出测量大五人格的众多量表，其中三大久负盛名、应用广泛的量表是 44 项的大五问卷（BFI；John，1999），60 项 NEO 五因子量表（NEO-FFI；Costa et al.，1990）和由 100 个特征描述性形容词组成的 Goldbergs 量表（TDA；Goldberg，1992）。

研究表明，人格作为一种综合性的心理品质，不仅与个体的心理行为有直接关系，而且对个体的社会适应能力有显著的影响，是人们互动、行为和情感背后的关键驱动力（Wu Youyou et al.，2015）。还有研究表明，人格与心理弹性的关系密不可分（Oshio et al.，2018）。与特质弹性相比，自我弹性与神经质的负向关系更强，与开放性、亲和性的正向关系更强。与此同时，人格在预测自我概念（自我控制、自尊和自我感觉）时也有良好的效度。结果显示，五大特质与自我控制呈正相关，其中尽责性是最强的预测因子（Pilarska，2018）。不仅如此，人格在网络成瘾的研究（Kircaburun et al.，2018）和精神诊断中也有广泛的应用（Paul et al.，1991）。这说明人格在对人类心理状态分析的研究中有着至关重要的作用。

通过上述分析可知，人格是个体重要的心理特征之一，而这一特征会影响个体的多个方面，其中就包括对信息选择和接受倾向。一般而言，为了提高个体对信息的可接纳度，我们会采取一些说服策略。普通意义上的说明策略主要包括权威、承诺、共识、互惠和稀缺。此外，随着广告和营销学的发展，衍生出购物动机和购物价值观两大类说服策略。

购物动机分为个人动机、社会动机和外部动机三种（Mooradian，1996）。个人动机：①自我满足，购物是一种可以缓解负面情绪的途径；②了解新趋势，新的产品可能会给客户一些新的体验和功用；③身体活动，购物活动能够使个体得到一定的身体锻炼；④感官刺激、商品外观、特征等会影响个体的购买行为。社会动机：①在家以外的社会活动；②与有共同兴趣的人交流；③同伴吸引；④喜欢讲价。外部动机：购物环境舒适，购物地点较便利等。

购物价值观分为享乐型和功利型两种（Guido，2006）。享乐型购物价值观：拥有此种价值观的个体更倾向于从个人兴趣、喜好的角度出发，关注商品的美学、趣味性方面。功利型购物价值观：拥有这种价值观的个体更倾向于从产品本身的性能、特征等角度来辅助购买决策。

值得注意的是，虽然说服策略适用范围比较广，但是针对不同的人格采用对应的说服策略能够使说服效果更加显著。

就外向性而言，外向性高的人更容易被说服策略劝服，如互惠、稀缺和承诺。此外，他们喜欢学习新的趋势，与他人交流，以及外部原因。他们购物是为了自我满足。典型的外向者具有享乐主义的购物价值观。外向性低的人大部分时间都喜欢独处，尽量避免噪声和风险。他们通常谨慎，不太容易激动，享受慢节奏的生活。这些因素可能会影响他们的购买行为：身体活动、享受独处、感官刺激、具有功利的购物价值观。

就宜人性而言，宜人性高的人更容易接受互惠、权威、喜欢和承诺策略。更重要的是，沟通、感官刺激、讨价还价的乐趣和外部原因已被证明与购买行为有关。此外，高亲和力的人具有显著的享乐型购物价值观。宜人性低的人可能有过强的自尊心，他们购物通常是为了自我满足。在购物时，他们喜欢讨价还价，并认为这是一个明智的选择，以增强积极的自我认同。

就尽责性而言，尽责性高的人更容易受到承诺、互惠和权威的影响。通过购物，他们想获得身体活动，在讨价还价中获得乐趣。他们倾向于在购物时保持功利价值观。尽责性比较低的人买东西通常是为了自我满足，考虑外部原因，如商店是否方便。

就神经质而言，神经质高的人可能常常表现出忧虑，这些人往往具有较高的心理压力，在思考、决策时表现较差，倾向于功利型的购物价值观。神经质低的人常常是放松和情绪稳定的。他们通常很冷静，情绪稳定，善于应对压力，友好，在大多数情况下都表现得很自信，倾向于享乐型的购物价值观。

就开放性而言，开放性高的人易于接受新思想，对许多不同的事物保持好奇，乐于尝试新事物。他们欣赏自然和艺术之美，关注自己的内心感受，积极思考，有时他们可能会质疑传统观念。开放性低的人在熟悉的环境中会感觉更舒服、更现实，对艺术欣赏的兴趣也会降低。他们不太注意自己的感受，也不表达自己的感受。此外，他们喜欢遵循社会习俗和权威来获得稳定和安全感。

详细的大五人格与说服策略之间的适用性如表 6-1 所示。

表 6-1　大五人格与说服策略

人格维度	说服相关	高分	低分
外向性	说服策略	互惠，稀缺，承诺	无
	购物动机	了解新趋势，交流，自我满足，外部因素	身体活动，喜欢独自活动（自食其力/喜欢做自己），感官刺激
	购物价值观	享乐型	功利型
宜人性	说服策略	互惠，权威，喜爱，承诺	无
	购物动机	交流，感官刺激，喜欢讨价还价（过程），外部因素	自我满足，喜欢讲价（特价商品/结果）
	购物价值观	享乐型	功利型

续表

人格维度	说服相关	高分	低分
尽责性	说服策略	承诺，互惠，权威	无
	购物动机	身体活动，喜欢特价商品，喜欢讲价	自我满足，外部因素
	购物价值观	功利型	享乐型
神经质	说服策略	无	更容易接受各种策略
	购物动机	了解新趋势，自由选择，喜欢独自活动，喜欢讲价，感官刺激，外部因素	身体活动，喜欢特价商品
	购物价值观	功利型	享乐型
开放性	说服策略	互惠，承诺，权威	共识
	购物动机	了解新趋势，身体活动，喜欢独自活动，自我满足，感官刺激	自由选择
	购物价值观	享乐型	功利型

（二）自我构念和说服策略

自我构念，即个体从自我和他人关系的角度来理解自我的认知结构（Markus et al.，1991）。其核心是个体理解和认识自我的方式，"自我—他人"关系是自我构念的本质（Lam，2006）。在自己与他人的联系上，东、西方存在文化差异。美国文化强调保持个体与他人的独立性，喜欢表达自身的特质；而很多亚洲文化则强调个体与他人基础的关联、和谐的互动，渴望获得良好的人际关系，更加注重与他人的关系。

根据典型的东、西方文化背景可以归纳出两类自我构念：依存自我构念和独立自我构念。

依存自我构念（interdependent self-construal）：个体是以社会关系中他人的想法、感情和行为来决定自己的态度和行为的。强调个人与情境及他人的关系，具有灵活性、可变性；注重间接委婉的表达，重视一些外在特征，如地位、角色、关系等；同时社会、人际取向的动机较高，渴望他人对自己的认可等。该类型的个体在思考事情时，会感到自我与他人及情境不可分离，他们的首要目标是在生活上保持与他人和谐的关系。

独立自我构念（independent self-construal）：个体行为的组织和意义判断是以个体内在的思想、感情和行为为参照。个体更强调个体分离和独立于社会情境，关注个体自身内在的情感、思想和能力，有强烈的实现自我价值的需求。自身的能力、品质和目标、保持独立性是他们主要的关注点。

在说服策略中，针对产品问题带来的负面信息的两种说服方式是反驳型说服和诊断型说服（Ahluwalia et al.，2000）。

反驳型说服主要是质疑负面信息、数据、渠道等的真实性，对负面信息进行直接反驳和对消费者的问题进行简单回应。诊断型说服则主要拿相同类别产品不同品牌的信息与犯错品牌的信息进行比较，或者是提供一些有关犯错品牌的额外的正面的信息，来减弱负面信息给消费者带来的负向作用。

反驳型说服侧重于负面信息数据的可靠性、数据的完整性和样本的有效性；而诊断型说服则侧重于目标品牌与同类产品其他品牌在某些重要属性上的差异性，通过减少负面信息的价值来减少产品种类之间可选品牌的可能差距。例如，说明目标产品和其他同类没有多少区别。

此外，根据说服策略不同的机制，还可以将其分为理性策略、感性策略和促销策略三类(罗鑫，2014)。

理性策略是指销售人员在向消费者介绍产品的沟通过程中，提供客观的信息，如产品特性、优势、适用场合、销售情况等，并发现消费者的心理需求，主要是运用逻辑推理的方式来向消费者解释购买其产品的好处，如突出介绍产品的信息和细节，进行重复解说等。

感性策略是指通过激发消费者的情感来取得消费者的认可，重点在于激发消费者的情感回应。例如，可通过激发愉悦、快乐、向往等正面情感来引起消费者的共鸣。

促销策略则利用了人们希望趋利避害的普遍心理，是指通过警告、保证、承诺等方式来促使消费者购买其产品。例如，销售者表示如果消费者不听其建议将会后悔，保证消费者在听从其建议后能得到一定的奖励。

对于依存自我构念的个体而言，他们更关注环境的变化，强调灵活性和可变性，注重自己外在的角色关系，关注与他人的联系(Markus et al.，1991)。因此，依存自我构念的个体在感性说服策略下，较容易与自己有关的个体发生联系，而由于依存自我构念的个体更注重产品的合群性，感性说服策略中产品带来的正向情感更容易让消费者产生共鸣。还有研究表明，依存自我构念的个体更易被防御性信息说服，并能更好地记忆防御性信息(Aaker et al.，2001)，并且避重就轻的诊断型说服信息会给依存自我构念的消费者带来更高的感知信息可信度(姚琦，黄静，2011)，从而更容易被说服。

对于独立自我构念的个体而言，他们强调独立性，并保持与周围环境的距离，其最主要动机是突出自己的特质和个性，追求独立自主(Markus et al.，1991)，因此，针对具体参考信息的理性说服更符合独立自我构念的消费者的思维(罗鑫，2014)，因为其注重产品的各种信息，如各种参数、价格、实用性等，会更加关注个体自身需要。与此同时，独立自我构念的个体更易被进取性信息说服，并能更好地记忆进取性信息（Aaker et al.，2001）。就事论事的反驳型说服信息会给具有独立自我构念的消费者带来更高的感知信息可信度（姚琦，黄静，2011），从而更容易被说服。

详细的自我构念与说服策略之间的适用性如表 6-2 所示。

表 6-2　自我构念与说服策略

自我构念	说服相关	具体策略
	说服机制	感性说服
依存自我构念	负面信息策略	诊断型说服
	说服信息	防御性信息
	说服机制	理性说服
独立自我构念	负面信息策略	反驳型说服
	说服信息	进取性信息说服

（三）认知需求和说服策略

认知需求是一种个体参与、努力思考和认知的内在动机。它影响人们对已接收信息的组织和提炼及信息评价的深度和广度。不同的认知需求会带来对信息不同的接受程度（王秀宏等，2015）。较高认知需求者在理解事物联系时，更多地会探寻、思考，并对信息做出如实反映；相反，低认知需求者较少加工，多依赖既有结论。

对高认知需求者而言，他们对信息的加工是基于逻辑的，会对信息进行深入、细致的理性加工，即采用的是中心路径（徐洁，周宁，2010）。面对来自互联网、同龄人和家庭的信息时，他们会对信息进行深层次分析，更容易受到基于事实论据的影响（Vidrine et al.，2007）。他们对互动性的产品的态度更加积极（范晓屏等，2013），更多地关注理性诉求广告中的文字信息（徐希玲，2014）。

对低认知需求者而言，他们对信息的加工是基于感性的，会受到说服信息的外部线索的影响，即采用边缘路径（徐洁，周宁，2010）。低认知需求者更多依赖名人或专家、启发式认知或社会比较做出判断（张红霞，刘雪楠，2010），较多依靠自己接触的信息渠道做出购物决策，不会被劝告信息中的论据本身影响，而是会被更多的简单的外部线索影响，如论据的数量，信息的专业性和吸引力，信息是否能够带来美好的感觉等（Chaiken，1987），即更容易受到基于情感的论据的影响（Vidrine et al.，2007）。低认知需求者对采用温馨和幽默广告诉求（Geuens et al.，1998）的产品的态度更加积极，即更容易接受生动性的产品（范晓屏等，2013）。他们更多地关注感性诉求广告中的文字信息（徐希玲，2014）。

详细的认知需求与说服策略之间的适用性如表 6-3 所示。

表 6-3　认知需求与说服策略

认知需求水平	说服相关	具体策略
高	信息加工基础	逻辑
	信息加工路径	中心路径
	论据类型	事实论据
	广告诉求	理性诉求
	产品类型	互动性
	普遍策略	无
低	信息加工基础	感性
	信息加工路径	边缘路径
	论据类型	情感论据
	广告诉求	感性诉求，温馨，幽默
	产品类型	生动性
	普遍策略	权威，启发式认知，社会比较

（四）情绪和说服策略

情绪是对一系列主观认知经验的统称，是多种感觉、思想和行为综合产生的心理和生理状态。心理学家通常根据情绪的愉悦性将情绪分为积极情绪和消极情绪。

积极情绪是指能产生良好的情绪体验和生理感受的情绪，即生活中的积极事件所引起的情绪体验（李爱梅等，2009）。积极情绪包括满足、幸福、爱和骄傲等（杨慧琳，2011）。

消极情绪是指在某种具体行为中，由外因或内因影响而产生的不利于人们继续完成工作或者正常思考的情感。消极情绪包括愤怒、恐惧、悲伤和羞愧等（杨慧琳，2011）。

对消费者而言，消极情绪一般分为四类：后悔、生气、失望和担心（Yi et al.，2004）。后悔是指消费者没有做出正确购买选择所导致的负面情绪（Zeelenberg et al.，2000）。生气是指由他人过失所导致的负面情绪。失望是指产品或服务结果低于消费者期望所导致的负面情绪。担心则是指对不期望发生事件的忧虑和不确定（Roseman et al.，1994）。

情绪会影响消费者的信息处理方式，进而影响说服策略的效果（Schwarz et al.，1991）。因此，针对不同情绪的对象选择不同的说服策略有益于提高说服的有效性。

对于积极情绪的对象而言，积极情绪使决策者在风险决策中产生风险规避的现象，处于积极情绪状态的人，为了保持好的情绪状态会规避风险（李爱梅等，2009）。

对消极情绪的对象而言，带有愤怒情绪的决策者更倾向于采取风险性的决策。由于愤怒是一种高可控性和高确定性的情绪，而高可控性和高确定性的特性会导致乐观的风险评估，因此带有愤怒情绪的被试更为乐观地估计了风险评估的结果，从而有更高的冒险性，应该采取诊断型说服策略；带有恐惧情绪的决策者会更为悲观地估计决策的结果，进而选择风险规避行为；带有悲伤情绪的决策者形成了以奖励来替代悲伤的内隐目标，悲伤的情绪常常使个体内心产生一个更为强烈的目标来弥补自己的不快乐。因此悲伤的情绪经常导致一种类似"化悲愤为力量的复仇心理"，从而出现更多的寻求行为；特质性焦虑的决策者的风险规避倾向更高；当消费者处于后悔情绪时，企业应该采取反驳型说服策略。

详细的情绪与说服策略之间的适用性如表 6-4 所示。

表 6-4　情绪与说服策略

情绪分类	具体情绪	说服策略
积极情绪	满足 幸福 爱 骄傲	风险规避
消极情绪	愤怒	高冒险性；诊断型说服
	恐惧	风险规避
	悲伤	补偿机制；寻求行为
	焦虑	风险规避
	后悔	反驳型说服

（五）小结

针对不同的干预对象选择不同的说服策略，设计不同的干预信息，会使引导更加有效。除了大五人格、自我构念、认知需求和情绪以外，干预对象还有其他的心理特征和心理状态值得我们继续进行深入探索。

参考文献

阿伦森，等．（2007）．社会心理学(第5版，中文第2版)．侯玉波等，译．北京：中国轻工业出版社：177-179.

曹顺．（2017）．"态度改变三阶段"理论视角下大学生社会主义核心价值观培育研究．常州信息职业技术学院学报，16(2)：91-93.

陈少华，吴君，刘卓雅．（2017）．基于环境事件的网络舆情监测与引导探析．新闻前哨，9：45-50.

陈羽屏，王彦，钟建安．（2012）．认知需求在消费选项、时间与决策规避行为之间的调节．人类工效学，18(3)：41-44.

邓涛．（2012）．议程设置视域下的突发事件舆论引导．云梦学刊，3：148-151.

董巍．（2009）．态度改变—说服模型的理论传承及其简化．黑龙江教育学院学报(5)：75-76.

范晓屏，韩洪叶，孙佳琦．（2013）．网站生动性和互动性对消费者产品态度的影响：认知需求的调节效应研究．管理工程学报，27(3)，196-204.

方元务，钟玉海．（2003）．态度改变理论在党的方针政策宣传中的应用．合肥工业大学学报(社会科学版)，6：5-9.

菲利普·津巴多，迈克尔·利佩．（2007）．态度改变与社会影响．邓羽，肖莉，唐小艳，译．北京：人民邮电出版社：115.

付秋林，于微微，程文英，等．（2015）．基于认知需求的信息用户研究方法及测量维度探索．现代情报，35(3)：24-27.

高凯. (2009). 基于态度改变理论的大学生人际冲突解决策略. 辽宁工业大学
　学报(社会科学版), 11(4): 90-93.

郭光华. (2000). 舆论引导艺术论. 长沙: 湖南人民出版社.

郭军. (2009). 士气心理学. 第十二届全国心理学学术大会论文摘要集:
　656-657.

郭喜红, 邹男男, 程文英, 等. (2014). 认知需求与信息搜寻行为的相关性研
　究. 中华医学图书情报杂志, 23(5): 16-20.

郭毅然. (2007). 影响受教育者态度改变的思想政治教育者因素探析. 求实,
　10: 77-79.

花蓉, 付春江. (2005). 社会转型期群体性事件产生的心理原因探析. 江西师
　范大学学报(哲学社会科学版), 38(2): 94-97.

黄海军, 颜陈. (2015). 突发事件向量分析及导控要点——以天津港"8·12"特
　别重大火灾爆炸事故为例. 新闻前哨, 10: 22-23+29.

冀虹. (2016). 试论新媒体时代突发事件舆论引导与媒体责任. 新闻论坛, 6:
　47-48.

阚双余, 郑小方. (2013). 大学生自杀意念与家庭环境关系. 中国公共卫生,
　29(2): 167-168.

李爱梅, 李连奇, 凌文辁. (2009). 积极情绪对消费者决策行为的影响评述.
　消费经济, 25(3): 39-42.

李瑾萱. (2018). 突发事件下微博舆情的引导策略研究. 哈尔滨: 黑龙江大学.

李诗文, 陈骏. (2019). 网络舆情事件的引导策略探究. 传媒论坛, 2(7): 42.

李长秋. (2006). 旅游心理学. 郑州: 郑州大学出版社: 68.

理查德·格里格, 菲利普·津巴多. (2014). 心理学与生活(第16版). 王垒,
　王廷, 译. 北京: 人民邮电出版社: 494, 496-497.

刘明明, 焦冬冬, 赵楠, 等. (2016). 基于微博大数据分析的家庭暴力对受害
　者心理影响研究. 第十九届全国心理学学术会议摘要集.

刘青. (2016). 卷入、认知需求对幽默诉求微博广告效果的影响研究. 南京:
　南京师范大学.

刘毅. (2007). 略论网络舆情的概念、特点、表达与传播. 理论界, 1: 11-12.

卢剑，肖子伦，冯廷勇．（2017）．元认知：态度与说服研究的新视角．心理科学进展，25（5）：866-877.

罗鑫．（2014）．说服策略对不同自我构念消费者的购买意向的影响．长沙：湖南师范大学.

马广海．（2008）．论社会心态：概念辨析及其操作化．社会科学，10：66-73，189.

马克思，恩格斯．（1979）．马克思恩格斯全集（第42卷）．中共中央马克思恩格斯列宁斯大林著作编译局，译．北京：人民出版社：115.

梅家驹．（1996）．同义词词林（第2版）．上海：上海辞书出版社.

孟小平．（1989）．揭示公共关系的奥秘——舆论学．北京：中国新闻出版社.

芈静，张玉媛，韩慧，等．（2009）．网络成瘾与非成瘾医学生认知状况比较．现代预防医学，36（12）：2215-2216.

欧阳叶，刘建军．（2019）．大学生网络过激行为的心理分析及引导策略．长沙航空职业技术学院学报，19（1）：120-124.

潘月．（2016）．从社会心理学角度分析大众媒介的劝说技巧——对受众态度改变的心理学研究．新闻研究导刊，7（20）：63-64.

屈冠群．（2019）．新形势下网络舆论引导策略研究．新闻研究导刊，7（1）：128＋160.

商建汤，兰晓胜．（2015）．浅析政府在突发事件舆论引导中的策略．福建理论学习，3：21-23.

宋云波，杨佳．（2015）．少数民族地区突发事件舆论引导机制研究．云南警官学院学报，6：56-60.

唐杰．（2010）．基于精细加工可能性模型的员工应对组织变革研究．经济管理，8：178-185.

唐茂军．（2014）．集体意向对网络群体性事件的影响．重庆：西南大学.

田玮，朱廷劭．（2018）．基于深度学习的微博用户自杀风险预测．中国科学院大学学报，35（1）：131-136.

王二平．（2006）．基于公众态度调查的社会预警系统．中国科学院院刊，2：125-131.

王二平，张本波，陈毅文，等．(2003)．社会预警系统与心理学．心理科学进展，11(4)：363-367.

王虎．(2018)．热点引导和舆论监督的重要性．传媒论坛，1(11)：116.

王珏．(2016)．突发公共事件中涉警网络舆情的监管与引导——以南京宝马肇事案为例．苏州：苏州大学．

王丽．(2005)．运用态度改变理论，增强大学生思想政治教育效果．社会心理科学，20(3)：61-63＋70.

王平，范秀成，张建军，等．(2017)．基于态度改变模型的消费者生成广告真实性影响因素研究．财贸研究，28(4)：87-100.

王瑞，姚望．(2019)．基于行为引导概念的地铁车厢内部设计．设计，32(5)：121-123.

王习贤．(2015)．微媒体时代突发事件舆论引导科学体系的构建．南通大学学报(社会科学版)，31(6)：134-138.

王秀宏，辛已漫，马向阳．(2015)．认知需求干扰下消费者社会化对品牌态度的影响研究．东北农业大学学报(社会科学版)，13(5)：10-16.

王秀娟，李睿．(2016)．浅析突发事件中媒体的舆论引导．中共太原市委党校学报，5：38-41.

沃尔特·李普曼．(2006)．公众舆论．阎克文，江红，译．上海：上海人民出版社．

吴国庆，陈丽玫．(2008)．态度改变：说服策略研究的回顾与展望．社会心理科学，23(6)：8-13.

谢天勇．(2012)．微博对突发公共事件舆论引导的演进．江淮论坛，6：185-189.

徐洁，周宁．(2010)．认知需求对个体信息加工倾向性的影响．心理科学进展，18(4)：685-690.

徐琳宏，林鸿飞，潘宇，等．(2008)．情感词汇本体的构造．情报学报，27(2)：180-185.

徐乃龙．(2003)．群体性事件中网络媒体的负面影响及其对策．江苏警官学院学报，18(6)：11-14.

徐希玲. (2014). 诉求方式、认知需求及网络口碑对微博广告心理效果的影响. 苏州：苏州大学.

杨慧琳. (2011). 四种典型消极情绪对消费决策的影响研究. 中国市场，23：138-139.

杨柳. (2009). 网络社会的群体行为研究. 南昌：江西师范大学.

杨宜音. (2006). 个体与宏观社会的心理关系：社会心态概念的界定. 社会学研究(4)：117-131.

姚江龙，魏捷. (2012). 高校突发事件舆论生成与引导. 中国高教研究，12：82-84.

姚琦，黄静. (2011). 自我构念对犯错品牌说服效果的影响. 统计与决策，5：169-173.

俞飞. (2013). 旅游者态度转变说服路径研究. 巢湖学院学报，5：23-29.

喻丰，彭凯平，郑先隽. (2015). 大数据背景下的心理学：中国心理学的学科体系重构及特征. 科学通报，60(C1)：520-533.

袁勤. (2019). 经典的文化符号 不灭的精神象征——由巴黎圣母院大火引发的思考. 艺术科技，8：185.

袁振龙，左袖阳. (2013). 全媒体时代突发事件舆论引导的策略选择. 社会主义研究，2：118-123.

战涛，赵嘉琦. (2016). 突发新闻事件中微博的舆情引导功能研究——以天津塘沽爆炸事件为例. 科技传播，8(14)：40-41.

张波，崔文卿. (2007). 疏导教育中的态度改变因素辨析. 中国电力教育(9)：122-123.

张朝洪，凌文辁，方俐洛. (2004). 态度改变的睡眠者效应研究概述. 心理科学进展，1：79-86.

张红霞，刘雪楠. (2010). 广告代言人参与度研究：深层代言还是浅层代言. 心理学报，5：587-598.

张晋萍. (2004). 中学生一般自我效能感、认知需求和创造性的关系研究. 太原：山西大学.

张明军，陈朋. (2012). 2011 年中国社会典型群体性事件的基本态势及学理沉思. 当代世界与社会主义，1：140-146.

张淑华，朱启文，杜庆东，等. （2007）. 认知科学基础. 北京：科学出版社：225.

张旭东. （2008）. 心理学教程. 北京：科学出版社：129.

张勋宗. （2016）. 微博与其他媒介对突发公共事件舆论引导之比较分析. 新闻界，3：47-52.

张志坚. （2018）. 示范性高职院校招生宣传工作探析——基于"态度改变说服"模型的分析. 湖北工业职业技术学院学报，31(4)：11-15.

章志光. （2008）. 社会心理学(第2版). 北京：人民教育出版社.

赵志恒. （2018）. 新时期新闻媒体舆论引导策略的创新. 新闻战线，18：23-24.

郑昱，赵娜，王二平. （2010）. 家庭收入与生活满意感的动态关系检验：基于某省21县市2004—2010年的面板研究. 心理科学进展，7：1155-1160.

植凤英. （2004）. 社会心理学中关于社会态度改变的研究述评. 贵州师范大学学报(社会科学版)，2：103-107.

周瑾. （2011）. 论群体事件中的信息传播与群体心理. 科技创业月刊，10：111-112.

周敏. （2014）. 阐释，流动，想象：风险社会下的信息流动与传播管理. 北京：北京大学出版社.

周青，周迪. （2019）. "微时代"高校舆情传播特征及引导策略. 宁波大学学报(教育科学版)，41(3)：97-101.

Abdelhaq, H., Sengstock, C., & Gertz, M. (2013). Even tweet：Online localized event detection from twitter. *Proceedings of the VLDB Endowment*，6(12)：1326-1329.

Aaker, J., & Lee, A.. (2001). "I" seek pleasures and "we" avoid pains：the role of self-regulatory goals in information processing and persuasion. *Journal of Consumer Research*，28(1)：33-49.

Agarwal, S. (2009). An exploratory study of Indian university students'use of social networking web sites：implications for the workplace. *Business and Profes-*

sional *Communication Quarterly*, 72(1):105-110.

Ahluwalia, R. , Burnkrant, R. E. , & Unnava, H. R. (2000). Consumer response to negative publicity: the moderating role of commitment. *Journal of Marketing Research*, 37(2):203-214.

Ajzen, I. (1988). *Attitudes, Personality, and Behavior*. Milton Keynes (England): Open University Press:66-79.

Akcora, C. G. , Bayir, M. A. , Demirbas, M. , et al. (2010). Identifying breakpoints in public opinion. Proceedings of the First Workshop on Social Media Analytics:62-66.

Alex Bertrams, & Oliver Dickhäser. (2009). High-school students' need for cognition, self-control capacity, and school achievement: testing a mediation hypothesis. *Learning and Individual Differences*, 19(1):135-138.

Alkis, N. & Temizel, T. T. (2015). The impact of individual differences on influence strategies. *Personality and Individual Differences*, 87:147-152.

Amichai-Hamburger, Y. , Lamdan, N. , Madiel, R. , et al. (2008). Personality characteristics of wikipedia members. *Cyberpsychology & Behavior*, 11(6):679-681.

Amichai-Hamburger, Y. , Wainapel, G. , & Fox, S. (2002). "On the internet no one knows I'm an introvert": extroversion, neuroticism, and internet interaction. *Cyberpsychology & Behavior*, 5(2):125-128.

Amiel, T. , & Sargent, S. L. (2004). Individual differences in internet usage motives. *Computers in Human Behavior*, 20(6):711-726.

Angeleri, R. , & Airenti, G. (2014). The development of joke and irony understanding: a study with 3-to-6-year-old children. *Canadian Journal of Experimental Psychology*, 68(2):133-146.

Bessière, K. , Kiesler, S. , Rraut, R. , et al. (2008). Effects of internet use and social resources on changes in depression. *Information, Communication & Society*, 11(1):47-70.

Bhowmick, P. K. , Anupam, B. , & Pabitra, M. (2010). Classifying emotion in news sentences: when machine classification meets human classification. *International Journal on Computer Science and Engineering*, 2:98-108.

Bo Pang, & Lillian Lee. (2008). Opinion mining and sentiment analysis. *Foundations and Trends in Information Retrieval*, 2(1-2):1-135.

Bollen, J. , & Mao, H. (2011). Twitter mood as a stock market predictor. *Computer*, 44(10):91-94.

Brunsting, S. , & Postmes, T. (2002). Social movement participation in the digital age: predicting offline and online collective action. *Small Group Research*, 33(5):525-554.

Cacioppo, J. T, & Petty,R. E. (1982). The Need For Cognition. *Journal of Personality and Social Psychology*, 42(1):116-131.

Campbell, A. J. , Cumming, S. R. , & Hughes, I. (2006). Internet use by the socially fearful: addiction or therapy. *Cyberpsychology & Behavior*, 9(1):69-81.

Chaiken, S. (1987). The heuristic model of persuasion//M. P. Zanna, J. M. Olson, & C. P. Herman(Eds.), On tario symposium on personality and social psychology. *Social Influence : the Ontario Symposium*, 5:3-39.

Chang Sup Park. (2013). Does Twitter motivate involvement in politics? Tweeting, opinion leadership, and political engagement. *Computers in Human Behavior*, 29(4):1641-1648.

Che, W. , Li, Z. , & Liu, T. (2010). LTP: A chinese language technology platform. *Proceedings of the 23rd International Conference on Computational Linguistics : Demonstrations* : 13-16.

Chen, L. , Tu, H. , & Wang, E. (2008). Personality traits and life satisfaction among online game players. *Cyberpsychology & Behavior*, 11(2): 145-149.

Cheng, Q. , Chang, S. S. , & Yip, P. S. (2012). Opportunities and challenge of online data collection for suicide prevention. *The Lancet*, 379: 53-54.

Cheong, M. , & Lee, V. C. (2011). A microblogging-based approach to terrorism informatics: Exploration and chronicling civilian sentiment and response to terrorism events via Twitter. *Information Systems Frontiers*, 13:45-59.

Correa, T. , Hinsley, A. W. , & de Zúñiga, H. G. (2010). Who interacts on the web? The intersection of users' personality and social media use. *Computers in Human Behavior*, 26(2):247-253.

Cortes, C. , & Vapnik, V. (1995). Support-vector networks. *Machine Learning*, 20: 273-297.

Costa, P. , & McCrae, R. R. (1990). Personality disorders and the five-factor model of personality. *Journal of Personality Disorders*, 4(4):362-371.

Crawford, K. (2009). Following you—disciplines of listening in social media. *Continuum*, 23(4):525-535.

Dai Qi,Liang Liang, Cao Zhongpeng, et al. (2010). Responses to two-sided advertising:the moderating effects of need for cognition. *International Conference on Engineering and Business Management*, 16:2456-2459.

Dasarathy, B. V. (1990). *Nearest neighbor (nn) norms:nn pattern classification techniques*. Los Alamitos:IEEE Computer Society Press:21-27.

Deutsch, M. , & Gerard, H. B. (1955). A study of normative and informational social influences upon individual judgment. *The Journal of Abnormal and Social Psychology*, 51(3):629-636.

DeZhi An, Yun Ke. (2014). Research on key technology of internet public sentiment. *Advanced Materials Research*, 926-930:2030-2033.

Dodds, P. S. , Harris, K. D. , Kloumann, I. M. , et al. (2011). Temporal patterns of happiness and information in a global social network:hedonometrics and twitter. *PLoS ONE*, 6(12), e26752-.

Ekman, P. (1993). Facial expression and emotion. *American Psychologist*, 48(4): 384-392.

Felt, A. , & Evans, D. (2008). Privacy protection for social networking APIs. *Web Security & Privacy*.

Festinger, L. (1954). A theory of social comparison processes. *Human Relations*, 7(2):117-140.

Fishhein, I. Ajzen. (1975). *Taking and information handling in consumer behav-*

iour. Boston:Graduate School of Business Administration, Harward University: 176-210.

Frans Meijman. (2008). Health communication and public media: professionals need to be heard. *Nederlands Tijdschrift voor Geneeskunde*, 152(32):1760-1764.

Gaffney, D. F. (2010). Iran election:quantifying online activism. *Proceedings of the Web Science Conference*.

Ge Tao, & Xue Chuanye. (2015). The study of SINA micro-blog opinion leaders effect on network public opinion transmission. *International English Education Research*, 3:68-72.

Geuens, M. , & De Pelsmacker, P. (1998). Need for cognition and the moderating role of the intensity of warm and humorous advertising appeals. *Asia Pacific Advances in Consumer Research*, 3:74-80.

Glasbergen, P. (2010). Global action networks:Agents for collective action. Global Environmental Change, 20(1):130-141.

Golbeck, J. , Robles, C. , Edmondson, M. , et al. (2011). Predicting personality from Twitter. *2011 IEEE Third International Conference on Privacy, Security, Risk & Trust & 2011 IEEE Third Inernational Conference on Social Computing*:149-156.

Goldberg, L. R. (1992). The development of markers for the Big-Five factor structure. *Psychological Assessment*, 4(1):26-42.

Goldenberg, A. , Shmueli, G. , Caruana, R. A. , et al. (2002). Early statistical detection of anthrax outbreaks by tracking over-the-counter medication sales. *Proceedings of the National Academy of Sciences*, 99(8):5237-5240.

Gosling, S. D. , Augustine, A. , Vazire, S. , et al. (2011). Manifestations of personality in online social networks:self-reported facebook-related behaviors and observable profile information. *Cyberpsycholgy Behavoir Social Netw orking*, 14(9):483-488.

Gosling, S. D. , Rentfrow, P. J. , & Swann, W. B. (2003). A very brief measure of the Big-Five personality domains. *Journal of Research in Personality*, 37(6):504-528.

Greenwald, A. G. (1968). Cognitive learning, cognitive response to persuasion, and attitude change. *Psychology Foundations of Attitudes*, New York: Academic Press INC. :147-170.

Guido, G. (2006). Shopping motives, big five factors, and the hedonic/utilitarian shopping value: an integration and factorial study. *Innovative Marketing*, 2(2): 57-67.

Gülgöz S. (2001). Need for cognition and cognitive performance form a cross-cultural perspective: examples of academic success and solving anagrams. *The Journal of Psychology*, 135(1):100-112.

Hans, C. (2009). Bayesian lasso regression. *Biometrika*, 96(4):835-845.

Hermida, A. (2010). Twittering the news: the emergence of ambient journalism. *Journalism Practice*, 4(3):297-308.

Hoerl, A. E. , & Kennard, R. W. (1970). Ridge regression: biased estimation for nonorthogonal problems. *Technometrics*, 12(1):55-67.

Hovland, C. I. , Lumsdaine, A. A. , & Sheffield, F. D. (1949). *Experiments on mass communication*. Princeton, NJ: Princeton University Press: 446.

Ifukor, P. (2010). "Elections" or "selections"? Blogging and twittering the Nigerian 2007 general elections. *Bulletin of Science Technology & Society*, 30(6): 398-414.

Ji Chunzhao, Jian Xinguo. (2012). The Research of Network Public Opinion Hotspots Technologies for Internet Web. *Applied Mechanics and Materials*, 241-244:2500-2503.

Jim, V. , Park, B. , & Jone, P. (2001). Neuroticism, life events and mental health: evidence for person-environment correlation. *British Journal of Psychiatry Supplement*, 40(40):72-77.

John, O. P. , & Srivastava, S. (1999). The Big Five trait taxonomy: History, measurement, and theoretical perspectives//L. A. Pervin, & O. P. John

(Eds.), *Handbook of personality : theory and research.* New York : Guilford Press : 102-138.

Junco, R. (2012). The relationship between frequency of facebook use, participation in facebook activities, and student engagement. *Computers & Education*, 58(1) : 162-171.

Kaleel, S. B. , & Abhari, A. (2015). Cluster-discovery of twitter messages for event detection and trending. *Journal of Computational Science*, 6 : 47-57.

Kangqi Fan, & Witold Pedrycz. (2016). Opinion Evolution influenced by inform edagents. *Physica A : Statistical Mechanics and its Applications*, 462 : 431-441.

Kaynar, O. Hamburger, Y. A. (2008). The effects of need for cognition on internet use revisited. *Computers in Human Behavior*, 2008, 24(2) : 361-371.

Khan S. (2014). Mining news articles to predict a stock trend.

Kircaburun, K. , & Griffiths, M. D. (2018). Instagram addiction and the big five of personality : the mediating role of self-liking. *Journal of Behavioral Addictions*, 7(1) : 158-170.

Kosinski, M. , Stillwell, D. , & Graepel, T. (2013). Private traits and attributes are predictable from digital records of human behavior. *Proceedings of the National Academy of Sciences*, 110(15) : 5802-5805.

Kramer, A. D. I. (2010). An unobtrusive behavioral model of "gross national happiness". *Proceeding of the SIGCHI Conference on Human Factors in Computing Systems* : 287-290.

Kwak, H. , Lee, C. , Park, H. , et al. (2010). What is Twitter, a social network or news media. *Proceedings International World Wide Web (www) Conference.*

Lam, B. T. (2006). Self-construal and socio-emotional development among Vietnamese-American adolescents : an examination of different types of self-construal. *International Journal of Behavioral Development*, 30(1) : 67-75.

Lewis, D. , & Ringuette, M. (1994). A comparison of two learning algorithms for text categorization. *Third Annual Symposium on Document Analysis and*

Information Retrieval:81-93.

Lewis, D. D. (1998). Naive(Bayes) at forty:the independence assumption in information retrieval. *European Conference on Machine Learning*.

Lin, K. H. , & Chen, H. (2008). Ranking reader emotions using pairwise loss minimization and emotional distribution regression. *Proceedings of the Conference on Empirical Methods in Natural Language Processing*:136-144.

Lin, K. H. , Yang, C. , & Chen, H. (2007). What emotions do news articles trigger in their readers. *Proceedings of Annual International ACM SIGIR Conference on Research & Development in Information Retrieval*.

Lodewijkx, H. F. , Kersten, G. L. , & Van Zomeren, M. (2008). Dual pathways to engage in "silent marches" against violence:moral outrage, moral cleansing and modes of identification. *Journal of Community & Applied Social Psychology*,18(3):153-167.

Loukusa, S. , & Leinonen, E. (2008). Development of comprehension of ironic utterances in 3-to 9-year-old finish-speaking children. *Psychology of Language and Communication*, 12(1):55-69.

Luhn H P. (1958). An Experiment in Auto-abstracting. *International Conference on Scientific Information*, Washington, D. C. :16-21.

Mackie, D. M. , Devos, T. , & Smith, E. R. (2000). Intergroup emotions:explaining offensive action tendencies in an intergroup context. *Journal of Personality and Social Psychology*, 79(4):602-616.

Marcus, B. , Machilek, F. , & Schütz, A. (2006). Personality in cyberspace:personal web sites as media for personality expressions and impressions. *Journal of Personality & Social Psychology*, 90(6):1014-1031.

Markus, H. R. , & Kitayama, S. (1991). Culture and the self:implications for cognition, emotion, and motivation. *Psychological Review*, 98(2):224-253.

McCreery, M. P. , Kathleen Krach, S. , Schrader, P. G. , et al. (2012). Defining the virtual self:personality, behavior, and the psychology of embodiment. *Computers in Human Behavior*, 28(3):976-983.

Miller, N. , & Campbell, D. T. (1959). Receny and primacy in persuasion as a function of the timing of speeches and measurement. *Journal of Abnormal Psychology*, 59(1):1-9.

Mol, C. D. , De Vito, E. , & Rosasco, L. (2009). Elastic-net regularization in learning theory. *Journal of Complexity*, 25(2):201-230.

Mooradian, T. A. , & Olver, J. M. (1996). Shopping motives and the five factor model:an integration and preliminary study. *Psychological Reports*, 78(2): 579-592.

Moschitti, A. (2003). A study on optimal parameter tuning for. Advances in information retrieval. *European Conference on IR Research*. Springer-Verlag:420-435.

Moore, K. , & McElroy, J. C. (2012). The influence of personality on facebook usage, wall postings, and regret. *Computers in Human Behavior*, 28(1):267-274.

Mucha, P. J. , Richardson, T. , Macon, K. , et al. (2010). Community structure in time-dependent, multiscale, and multiplex networks. *Science*, 328(5980): 876-878.

Ning, Y. , Zhu, T. , & Wang, Y. (2010). Affective-word based Chinese text sentiment classification. *International Conference on Pervasive Computing & Applications*:111-115.

Oshio, A. , Taku, K. , Hirano, M. , et al. (2018). Resilience and Big Five personality traits:a meta-analysis. *Personality and Individual Differences*, 127: 54-60.

Park, R. E. , & Burgess, E. W. (1970). *Introduction to the Science of Sociology*. Chicago:University of Chicago Press.

Passant, A. , Hastrup, T. , Bojars, U. , et al. (2008). Microblogging:a semantic web and distributed approach. *4th Workshop on Scripting for the Semantic Web*.

Paul, T. Costa, & Robert R. McCrae. (1991). Special series: clinical use of the five-factor model of personality. *Journal of Personality Assessment*, 57(3): 393-398.

Peng, W. , & Liu, M. (2010). Online gaming dependency: a preliminary study in china. *Cyberpsychology Behavior & Social Networking*, 13(3): 329-333.

Pilarska, A. (2018). Big-Five personality and aspects of the self-concept: Variable- and person-centered approaches. *Personality and Individual Differences*, 127: 107-113.

Pratkanis, A. R. , & Greenwald, A. (1988). Recent perspective on unconscious processing: still no marketing applications. *Psychology and Marketing*, 5(4): 337-353.

Quercia, D. , Kosinski, M. , Stillwell, D. , et al. (2011). Our Twitter profiles, our selves: predicting personality with twitter. *2011 IEEE Third International Conference on Privacy, Security, Risk and Trust (PASSAT), and 2011 IEEE Third International Confernece on Social Computing (SocialCom)*, Boston, MA, USA.

Raad, B. D. (2000). *The big five personality factors: the psycholexical approach to personality*. Gohingen: Hogrefe & Huber Publishers.

Rosalind Wright Picard. (1997). *Affective computing*. Cambridge, MA: The MIT Press.

Roseman, I. , Wiest, C. , & Swartz, T. S. (1994). Phenomenology, behaviors, and goals differentiate discrete emotions. *Journal of Personality and Social Psychology*, 67(2): 206-221.

Sakaki, T. , Okazaki, M. , & Matsuo, Y. (2010). Earthquake shakes Twitter users: real-time event detection by social sensors. Paper Presented at the Proceedings of the 19th International Conference on World Wide Web.

Schwarz, N. , Bless, H. , & Bohner, G. (1991). Mood and persuasion: Affective states influence the processing of persuasive communications. *Advances in Experimental Social Psychology*, 24: 161-199.

Samuel, D. Gosling. , Sei Jin Ko. , Thomas Mannarelli, et al. (2002). A room with a cue: personality judgments based on offices and bedrooms. *Journal of Personality and Social Psychology*, 82(3):379-398.

Sayyadi, H. , Hurst, M. , & Maykov, A. (2009). Event detection and tracking in social streams. *Proceeding of the Third International Conference on weblogs and Social Media*, ICWSM, San Jose, California.

Shamma, D. A. , Kennedy, L. , & Churchill, E. F. (2011). Peaks and persistence: modeling the shape of microblog conversations. Proc of the A CM 2011 Conference on Computer Supported Cooperative Work: 355-358.

Sirgy, M. J. , Gurel-Atay, E. , Webb, D. , et al. (2013). Is materialism all that bad? Effects on satisfaction with material life, life satisfaction, and economic motivation. *Social Indicators Research*, 110:349-366.

Stenius, K. (2007). Promoting mental health. Concepts, emerging evidence, practice. *Addiction*, 102(12):1991.

Tung, C. , & Lu, W. (2016). Analyzing depression tendency of web posts using an event-driven depression tendency warning model. *Artificial Intelligence in Medicine*. 66:53-62.

Unnikrishnan Nair K. , & Ramnarayan S. (2000). Individual differences in need for cognition and Complex problem solving. *Journal of Research in Personality*, 34(3):305-328.

Van Zomeren, M. , Postmes, T. , & Spears, R. (2008). Toward an integrative social identity model of collective action: a quantitative research synthesis of three socio-psychological perspectives. *Psychological Bulletin*, 134 (4): 504-535.

Van Zomeren, M. , & Spears, R. (2009). Metaphors of protest: A classification of motivations for collective action. *Journal of Social Issues*, 65(4):661-679.

Veltri, G. A. (2013). Microblogging and nanotweets: nanotechnology on twitter. *Public Understanding of Science*, 22(7):832-849.

Vidrine, J. I. , Simmons, V. N. , & Brandon, T. H. (2007). Construction of smoking-relevant risk perceptions among college students: the influence of need for cognition and message content. *Journal of Applied Social Psychology*, 37(1):91-114.

Wan, M. , Liu, L. , Qiu, J. , et al. (2011). Collective action:definition, psychological mechanism and behavior measurement. *Advances in Psychological Science*,19(5):723-730.

Weng, J. , Yao, Y. , Leonardi, E. , et al. (2011). Event Detection in Twitter. IC-WSM, 11:401-408.

Wiener, E. , Pedersen, J. O. , & Weigend, A. S. (1995). A neural network approach to topic spotting:proceeding of SDAIR-95, 4th:annual symposium on document analysis & information retrieval. Las Vegas:317-332.

Wright, S. (2009). The next generation of collective action research. *Journal of Social Issues*, 65(4):859-879.

Wright, S. , Taylor, D. M. , & Moghaddam, F. M. (1990). Responding to membership in a disadvantaged group:from acceptance to collective protest. *Journal of Personality and Social Psychology*, 58(6):994.

Wu Youyou, Michal Kasinski, & David Stillwella. (2015). Computer-based personality judgments are more accurate than those made by humans. *Proceeding of the National Academy of Sciences of the United States of America*, 112(4):1036-1040.

Ya Hui, Michelle See, Richard E. Petty, et al. (2009). The impact of perceived message complexity and need for cognition on information processing and attitudes. *Journal of Research in Personality*, 43(5):880-889.

Yi, S. , & Baumgartner, H. (2004). Coping with negative emotions in purchase-related situations. *Journal of Consumer Psychology*, 14(3):303-317.

Yujin, H. Xiaoling, Z. , et al. (2004). A bayes text classification method based on vector space model. *Computer & Digital Engineering*.

Zeelenberg, M. , van Dijk, W. W. , Manstead, A. S. R. , et al. (2000). On bad decisions and disconfirmed expectancies:The psychology of regret and disappointment. *Cognition and Emotion*, 14:521-541.

Zhong Rou-ying. Zhu Xiao-ning. (2011). Discussion about Government News A-
genda-setting through Micro-blog. *2011 International Conference on Public Ad-
ministration*.

Zhang, S. , Zhou, J. , & Wang, E. (2009). The antecedents of group relative
deprivation and its effects on collective action: empirical research on the people
of Wenchuan earthquake area. *Journal of Public Management*, 6(4):69-77.

Zhao, L. , Chen, F. , Dai, J. , et al. (2014). Unsupervised spatial event detection
in targeted domains with applications to civil unrest modeling. *PloS ONE*,
9(10):e110206.

后　记

伴随科技的发展，对网络虚拟空间中网民的社会态度的及时感
知以及网络舆情的动态走势成为社会治理不可忽视的部分。同时，
互联网平台也为针对社会民众积极向上的心理引导提供了新的途径
和方式。本书系统地分析了信息社会，基于大数据手段的社会治理
研究背景以及已有相关研究现状，介绍了舆情事件检测、民众社会
心态智能化识别、舆情预警以及基于社交媒体平台的引导干预等新
思路和新方法。

在舆情事件检测方面，我们根据微博用户情绪化显著的特点，
将情绪分析方法与计算机的关键词动态查询扩展技术相结合。根据
领域专家确定的特定领域关键词，基于词与微博的包含关系进行关
键词扩展，并在每一轮扩展的同时对特定类别的情绪的微博进行过
滤。研究结果显示，情绪分析的方法在很多方面都提高了舆情检测
的准确性和有效性。

在建立舆情参与者社会态度预测模型方面，我们充分利用了用
户在微博上的公开数据，从微博发布的行为特征和微博文本内容的
语言词汇特征两个方面刻画出了用户在微博平台上的行为和语言模
式，以此来对用户在不同维度上的社会态度进行预测和分析。将机
器学习的建模方法应用在社会态度的预测评估上，并根据预测结果
和问卷得分的相关系数判断预测模型的有效性。

舆情趋势预测基于心理学、社会学和传播学等相关领域的已有

理论知识，根据舆情参与者的社会态度预测结果，创建出了一系列与舆情下一步发展变化相关的指标集合。根据舆情案例库中的真实舆情事件提取一系列特征，通过机器学习的回归算法训练模型，能够准确有效地对网络舆情的发展趋势进行预测，从而实现舆情预警。

网络对当代人们的生活方式、思想观念和心理健康状况产生了巨大而深远的影响，借助网络以及计算机技术进行良好精准的心理引导显得更加迫切。心理学与互联网结合的科学心理引导技术不仅能够辅助保障社交网络平台的健康发展，还能够培养民众积极向上的健康心态，为维护社会的稳定和谐贡献力量。

大数据分析方法与心理学理论研究相结合，丰富了社会治理的内涵，提升了社会治理的智能化水平，更符合信息时代社会治理发展的需要。

书中提到结合机器学习建模方法，实现对用户社会态度的实时监测和跟踪，弥补了传统通过问卷或量表进行社会态度调查的不足。本书通过社交媒体行为数据系统地探讨了网络用户的行为与心理之间可能的内在联系，通过预测模型计算其心理指标，实现了对大范围用户社会态度跟踪的即时性和可回溯性，在舆情预警和社会问题监控方面有重要的现实意义。

在已有心理学和传播学的基础上，我们提出了一套影响网络舆情发展趋势的特征指标体系，并在微博舆情事件的基础上进行具体的趋势预测。将定性分析与定量相结合，将已有理论基础和社交媒体大数据相结合，不仅在舆情趋势预测模型中得到了较好的效果，也可以在以后的相关研究中进行应用和推广。

但是，本书介绍的基于网络社交媒体数据分析的公众社会心态感知方法仍存在一定的局限，只适用于感知个体网络用户的心理特征状况，无法适用于非网络用户或在线行为不活跃、数据记录不充分的情况。另外，本书采用的研究范式虽然能够在社交媒体大数据中找出变量之间的关系，但是这种方法找到的关系只能表示其相关性，而不能证明是否有因果关系。如果想要进行更深入的探索，依然需要专业领域的理论基础和实践检验，避免得出不合适甚至错误的结论。随着网络技术的发展，更多短视频社交平台兴起，在未来的研究探索中，除了对用户文本行为的分析，还需要结合视频、音频、图片等多媒体行为数据，不断推进基于网络行为分析的心理感知技术的进步和发展。

关于大数据与社会治理方面的研究仍处于初期探索阶段，以后的舆情预警研究一方面仍然会集中在理论方面，对影响舆情发展和舆情参与者心态的各种相关性因素进行分析；另一方面会在具体的舆情事件基础上对已有理论进行应用和实践，充分利用现代网络大数据和计算机方面的技术手段，对舆情的发酵、传播和发展做出定量的数据分析，快速对舆情可能造成的风险和后果进行判断，并且迅速反馈给需要对舆情做出反应的部门，为其提供充分的线索和时间，避免引发影响社会稳定的不良事件。

希望本书能够对与社会治理相关的计算机科学、心理学、社会科学等领域的研究者有所启发，助力智能化社会治理！

图书在版编目(CIP)数据

　　大数据助推社会治理：网络社会的心态感知及事件检测/刘晓倩，朱廷劭著. —北京：北京师范大学出版社，2022.5
　　(心理学与社会治理丛书)
　　ISBN 978-7-303-26908-2

　　Ⅰ. ①大… Ⅱ. ①刘… ②朱… Ⅲ. ①社会管理－研究－中国 Ⅳ. ①D63

　　中国版本图书馆 CIP 数据核字(2021)第 050570 号

营　销　中　心　电　话　010-58807651
北师大出版社高等教育分社微信公众号　新外大街拾玖号

DASHUJU ZHUTUI SHEHUI ZHILI：WANGLUO SHEHUI DE
XINTAI GANZHI JI SHIJIAN JIANCE

出版发行：北京师范大学出版社　www.bnupg.com
　　　　　北京市西城区新街口外大街 12-3 号
　　　　　邮政编码：100088
印　　刷：鸿博昊天科技有限公司
经　　销：全国新华书店
开　　本：710 mm×1000 mm　1/16
印　　张：13.75
字　　数：163 千字
版　　次：2022 年 5 月第 1 版
印　　次：2022 年 5 月第 1 次印刷
定　　价：68.00 元

策划编辑：沈英伦　　　　责任编辑：宋　星　　朱冉冉
美术编辑：李向昕　　　　装帧设计：李向昕
责任校对：康　悦　　　　责任印制：马　洁